ATER AGROECOLÓGICA
EXPERIÊNCIAS DE AGRICULTORAS(ES) PROTAGONISTAS

Editora Appris Ltda.
1.ª Edição - Copyright© 2024 da autora
Direitos de Edição Reservados à Editora Appris Ltda.

Nenhuma parte desta obra poderá ser utilizada indevidamente, sem estar de acordo com a Lei nº 9.610/98. Se incorreções forem encontradas, serão de exclusiva responsabilidade de seus organizadores. Foi realizado o Depósito Legal na Fundação Biblioteca Nacional, de acordo com as Leis nᵒˢ 10.994, de 14/12/2004, e 12.192, de 14/01/2010.

Catalogação na Fonte
Elaborado por: Dayanne Leal Souza
Bibliotecária CRB 9/2162

A864a 2024	Ater agroecológica: experiências de agricultoras(es) protagonistas / Rosélia Batista de Melo (org.). – 1. ed. – Curitiba: Appris, 2024. 145 p. : il. color. ; 21 cm. Vários autores. Inclui referências. ISBN 978-65-250-6412-3 1. Agricultura. 2. Soberania alimentar. 3. Educação popular. I. Melo, Rosélia Batista de. II. Título. III. Série. CDD – 338.1

Livro de acordo com a normalização técnica da ABNT

Appris
editora

Editora e Livraria Appris Ltda.
Av. Manoel Ribas, 2265 – Mercês
Curitiba/PR – CEP: 80810-002
Tel. (41) 3156 - 4731
www.editoraappris.com.br

Printed in Brazil
Impresso no Brasil

Rosélia Batista de Melo (Org.)

ATER AGROECOLÓGICA
EXPERIÊNCIAS DE AGRICULTORAS(ES) PROTAGONISTAS

Appris
editora

Curitiba, PR
2024

FICHA TÉCNICA

EDITORIAL
Augusto Coelho
Sara C. de Andrade Coelho

COMITÊ EDITORIAL
Ana El Achkar (Universo/RJ)
Andréa Barbosa Gouveia (UFPR)
Antonio Evangelista de Souza Netto (PUC-SP)
Belinda Cunha (UFPB)
Délton Winter de Carvalho (FMP)
Edson da Silva (UFVJM)
Eliete Correia dos Santos (UEPB)
Erineu Foerste (UFES)
Erineu Foerste (Ufes)
Fabiano Santos (UERJ-IESP)
Francinete Fernandes de Sousa (UEPB)
Francisco Carlos Duarte (PUCPR)
Francisco de Assis (Fiam-Faam-SP-Brasil)
Gláucia Figueiredo (UNIPAMPA/ UDELAR)
Jacques de Lima Ferreira (UNOESC)
Jean Carlos Gonçalves (UFPR)
José Wálter Nunes (UnB)
Junia de Vilhena (PUC-RIO)
Lucas Mesquita (UNILA)
Márcia Gonçalves (Unitau)
Maria Aparecida Barbosa (USP)
Maria Margarida de Andrade (Umack)
Marilda A. Behrens (PUCPR)
Marília Andrade Torales Campos (UFPR)
Marli Caetano
Patrícia L. Torres (PUCPR)
Paula Costa Mosca Macedo (UNIFESP)
Ramon Blanco (UNILA)
Roberta Ecleide Kelly (NEPE)
Roque Ismael da Costa Güllich (UFFS)
Sergio Gomes (UFRJ)
Tiago Gagliano Pinto Alberto (PUCPR)
Toni Reis (UP)
Valdomiro de Oliveira (UFPR)

SUPERVISOR DA PRODUÇÃO
Renata Cristina Lopes Miccelli

PRODUÇÃO EDITORIAL
Sabrina Costa

REVISÃO
Isabel Tomaselli Borba
Rosélia Melo

DIAGRAMAÇÃO
Andrezza Libel

CAPA
Eneo Lage

REVISÃO DE PROVA
Jibril Keddeh

AGRADECIMENTOS

A Federação de Órgãos para Assistência Social e Educacional (FASE Bahia), organização de educação popular e defesa de direitos, agradece aos diferentes sujeitos e organizações comprometidas com o trabalho socioeducativo para o fortalecimento da agricultura familiar, enquanto alternativa de desenvolvimento, sujeito de direitos, e ator político.

Temos imensa gratidão às 540 famílias de agricultores(as) familiares, às instituições públicas, as associações comunitárias, e às demais organizações parceiras, que contribuíram com o trabalho executado pela FASE durante o período ao qual se refere às experiências agroecológicas evidenciadas neste livro.

Agradecemos a cada educador(a) que compõe a equipe de profissionais da FASE, equipe administrativa e técnicos (as) de campo, que cotidianamente se empenharam para formular e aplicar alternativas para superar a pandemia do Covid-19 e conseguir resultados significativos na execução desta iniciativa. Para a execução do Projeto ATER Agroecologia e a elaboração deste livro, a FASE contou com o apoio de sua equipe de profissionais composta por: Rosélia Batista de Melo (coordenadora-geral); Fernando Ferreira Oiticica (coordenador técnico); Joelma Araujo da Cunha (coordenadora administrativa financeira); José Orlando Caldas Falcão (técnico de educação não formal) Aldair Silva França, e Veronice Santos de Souza (técnicos(as) nível I); Aline Sousa, Ariane Araújo Oliveira, Arisson Freitas Machado, Elenilda dos Santos Porcinio Leite, José Henrique Ramos Santos e Silvanei Barbosa Santos (técnicos(as) em agropecuária); Júlia Santos Têtê (comunicadora popular); Elane Rocha de Andrade e Melissa Modesto Campelo (auxiliar de escritório).

Somos gratos, aos funcionários e a parceria estabelecida com Secretaria de Desenvolvimento Rural (SDR), e a Superintendência Baiana de Assistência Técnica e Extensão Rural (BAHIATER).

Reconhecemos a importância da parceria com os Sindicatos dos Trabalhadores(as) da Agricultura Familiar (SINTRAF), com o Polo Sindical e a Articulação de Agroecologia na Bahia (AABA), para a execução deste projeto.

Nosso agradecimento a Paulo Roberto Demeter, ex-coordenador regional da FASE Bahia, que contribuiu na elaboração do projeto técnico para a execução do ATER Agroecologia.

A articulação e o trabalho em rede de várias mãos, mentes e corações, tornaram essas experiências possíveis de serem sistematizadas. E, por fim, esperamos que esta publicação possa provocar reflexões que evidenciem a AGROECOLOGIA como uma alternativa totalmente viável ao modelo de desenvolvimento vigente.

Coordenação Geral da FASE Bahia

APRESENTAÇÃO

Esta publicação, *Ater Agroecológica: experiências de agricultoras(es) protagonistas*, assessorados pela FASE na Bahia, aborda as experiências de uma amostra de agricultores e agricultoras familiares, que foram protagonistas da execução dos serviços de assessoria técnica, executado pela FASE no período de 2020 a 2023, atendendo 540 famílias de agricultores (as) familiares, em sete municípios e 24 comunidades nos territórios do Baixo Sul e Vale do Jiquiriçá.

As experiências das 54 famílias de agricultores e agricultoras sistematizadas representam uma amostra de 10% das famílias assessoradas. Neste livro iremos apresentar 35 histórias dentre os caracterizados. O processo de identificação dessas famílias foi realizado no início da execução das atividades do contrato, conforme disponibilidade e interesse delas. Como marco inicial para acompanhamento às famílias, foi elaborado o diagnóstico, seguido de uma caracterização da Unidade Produtiva Familiar, no final do processo de assessoria técnica, essas ferramentas foram reaplicadas, como meio de averiguação e comprovação dos resultados.

O contexto regional onde localiza-se as experiências relatadas nesta publicação são desafiadoras ao trabalho compartilhado pela FASE com o público de agricultores familiares: agravamento da minifundiarização, envelhecimento e masculinização da população, concentração de terras e insuficiência de renda. O foco da ação da FASE sempre esteve voltado para a organização e diversificação da produção com adoção crescente de práticas agroecológicas, autonomia hídrica, adoção de práticas de conservação do solo, criando condições para a implantação de experiências demonstrativas no âmbito da produção, comercialização, uso sustentável dos recursos naturais, promoção da soberania e segurança alimentar e nutricional, recuperação de áreas degradadas, com prioridade na intervenção com a juventude e mulheres.

As experiências sistematizadas e apresentadas são um espaço de proposições de iniciativas aos desafios do contexto da região, se relacionando com as questões ambientais, sociais, culturais, políticas, econômicas e seus impactos.

Por fim, espera-se que este livro possa colaborar e instigar mais agricultores e agricultoras, pesquisadores, lideranças comunitárias, movimentos sociais e gestores públicos a investirem na agroecologia enquanto alternativa viável ao modelo de desenvolvimento vigente, tendo a vida como elemento central para uma sociedade igualitária.

Rosélia Batista de Melo
Coordenadora da FASE na Bahia.

PREFÁCIO

Porque falar de diálogo de saberes ou construção coletiva de conhecimentos?

Em sua construção histórica, a agroecologia recebeu a influência de vários campos do conhecimento como a ecologia, os estudos sobre desenvolvimento e os estudos antropológicos sobre os sistemas agrícolas de muitos povos em vários lugares do mundo. Eles mostraram-nos como muitos deles incorporavam mecanismos de adaptação às variações do ambiente natural e proteção contra predadores e competidores. O manejo agrícola incluía símbolos e ritos que serviam muitas vezes para regular as práticas de uso da terra e criar códigos para classificar os conhecimentos transmitidos culturalmente entre os povos que não conheciam ainda a escrita.

A pesquisadora Suzana Hecht (1989) conta-nos um pouco essa história. Fala-nos como as transformações dramáticas de muitas sociedades em razão da escravidão, da dominação colonial que levou doenças às populações, das perseguições intensas do que foi considerado feitiçaria na Idade Média, com mortes e queima das mulheres como bruxas, provocaram a destruição ou abandono de tecnologias muito importantes, como antigos sistemas de irrigação, consórcios de culturas, técnicas de controle biológico de pragas e manejo do solo. E junto morreram sistemas culturais do conhecimento.

Através dos tempos, as transformações capitalistas da agricultura foram artificializando e devastando a natureza, expulsando populações com a expansão dos monocultivos e a violência dos conflitos pela terra.

Mas a história das resistências dos povos indígenas, quilombolas, campesinato, com seus sistemas tradicionais de cultivo e manejo dos bens da natureza chamou atenção de ecologistas com relação às práticas da sucessão ecológica, a importância da diversidade de espécies, especialmente na agricultura tropical, como estratégia para garantir os nutrientes do solo, a conservação da biodiversidade para a alimentação humana. Essa realidade mostrou que além do conhecimento científico há outras expressões do conhecimento que precisam ser colocados em diálogo.

O movimento agroecológico, ao avançar no debate sobre ciência cidadã, sistematização de experiências dos/a agricultores/as e compreensão das orientações e valores da educação popular, foi introduzindo a perspectiva de construção coletiva do conhecimento ou diálogo de saberes como um dos princípios da promoção da agroecologia.

Após a realização do Primeiro Encontro Nacional de Agroecologia, em 2002, foi constituído o grupo de trabalho com a denominação de Assistência Técnica e Extensão Rural (GT-ATER). Este teve o intuito de influenciar os debates sobre a elaboração do Plano Nacional de Assistência Técnica e Extensão Rural (ATER), que estava em curso, em 2003, no Ministério de Desenvolvimento Agrário. Mas já em 2004, coerente com seus princípios, a Articulação Nacional de Agroecologia (ANA) decidiu mudar para a denominação de Grupo de Construção do Conhecimento Agroecológico (GT-CCA).

Durante o debate sobre o Marco de Referência da Política Governamental de ATER, em 2009, a ANA avançou na crítica ao projeto político institucional de caráter sexista, que previa ações que reforçavam a divisão sexual do trabalho na agricultura e invisibilizavam o trabalho da mulher. Foi se agregando então uma abordagem feminista, com a liderança do Grupo de Mulheres da ANA.

A Carta Política do Quarto Encontro Nacional de Agroecologia, em 2018, com o lema "Agroecologia e Democracia, unindo campo e cidade", reforçou posicionamentos anteriores dizendo: "[...] *estamos convencidos/as de que é urgente romper com a monocultura do saber"* acrescentando que *"a interface entre Agroecologia e Educação do Campo é fundamental para superar a oposição campo-cidade* [...]" (ANA, 2018:40). E reforçou a importância da auto-organização das mulheres e *"sua contribuição histórica para a agricultura, a preservação dos bens comuns e o trabalho de sustentabilidade da vida* [...]" (ANA, 2018:26).

Atualmente, a iniciativa da ANA de mobilização nos estados para formulação de propostas para o Terceiro Plano Nacional de Agroecologia e Produção Orgânica, que chamamos de Políticas Públicas de Agroecologia na Boca do Povo, mostra que o debate se renova. Sugere-se que o eixo Conhecimento passe a chamar Educação, Formação e Conhecimento. Destaca-se a necessidade de internalização nas instituições e ambientes de ensino, pesquisa e extensão da relação mais horizontal com as/os agricultoras/os, e a interação com os processos metodológicos da agroecologia como os intercâmbios.

Seguimos na incidência política para a incorporação de novos referenciais na Política Nacional de Agroecologia e Produção Orgânica.

Maria Emília L. Pacheco
Assessora do Núcleo de Políticas e Alternativas da FASE
10 fev. 2024

LISTA DE ABREVIATURAS E SIGLAS

AABA	Articulação Agroecologia da Bahia
ABONG	Associação Brasileira de ONGs
ANA	Articulação Nacional de Agroecologia
APROTRUM	Associação dos Produtores Rurais da Umbaúba.
ATER	Assistência Técnica e Extensão Rural
BAHIATER	Superintendência Baiana de Assistência Técnica e Extensão Rural
CAF	Cadastro da Agricultura Familiar
CCA	Construção do Conhecimento Agroecológico
DAP	Declaração de Aptidão ao PRONAF
FAO	Organização das Nações Unidas para a Alimentação e a Agricultura
FASE	Federação de órgãos para assistência Social e Educacional
GT-ATER	Grupo de Trabalho de Assistência Técnica e Extensão Rural
GT-CCA	Grupo de Trabalho de Construção do Conhecimento Agroecológico
MROSC	Marco Regulatório da Organizações da Sociedade Civil
ONG	Organizações Não Governamentais
PAA	Programa de Aquisição de Alimentos
PAIS	Produção Agroecológica Integrada e Sustentável
PANCS	Plantas Alimentícias Não Convencionais
PEATER	Política Estadual de Assistência Técnica e Extensão Rural para a Agricultura Familiar
PNAE	Programa Nacional de Alimentação Escolar

PRONAF	Programa Nacional de Fortalecimento da Agricultura Familiar
SINTRAF	Sindicatos dos Trabalhadores e Trabalhadoras da Agricultura Familiar
SDR	Secretaria de Desenvolvimento Rural
SAN	Segurança Alimentar e Nutricional
SEFAZ	Secretaria Estadual da Fazenda
SSAN	Soberania e Segurança Alimentar e Nutricional
UPF	Unidade de Produção Familiar

SUMÁRIO

INTRODUÇÃO 17

CAPÍTULO I
CONHECENDO A FASE 23

CAPÍTULO II
SOBERANIA E SEGURANÇA ALIMENTAR E NUTRICIONAL: A
NECESSIDADE URGENTE DE GARANTIR O DIREITO HUMANO
À ALIMENTAÇÃO 29
Rosélia Batista de Melo
Elenilda dos Santos Porcino Leite
Fernando Ferreira Oiticica
Ariane Araújo Oliveira
Silvanei Barbosa dos Santos

CAPÍTULO III
AGROECOLOGIA PARA A SUCESSÃO NA AGRICULTURA
FAMILIAR 45
Rosélia Batista de Melo
Elenilda dos Santos Porcino Leite
Fernando Ferreira Oiticica

CAPÍTULO IV
MULHERES NA AGROECOLOGIA 55
Rosélia Batista de Melo
Aline Santos de Sousa
Fernando Ferreira Oiticica
Veronice Santos de Souza
Elenilda dos Santos Porcino Leite
José Henrique Ramos Santos
Silvanei Barbosa dos Santos

CAPÍTULO V
POLÍTICAS PÚBLICAS PARA A AGRICULTURA FAMILIAR: SEMEANDO DESENVOLVIMENTO A PARTIR DA AGROECOLOGIA ... 77
Rosélia Batista de Melo
José Henrique Ramos Santos
Fernando Ferreira Oiticica
Veronice Santos de Souza
Elenilda dos Santos Porcino Leite
Silvanei Barbosa dos Santos
Aline Santos de Sousa

CAPÍTULO VI
CONSTRUÇÃO DO CONHECIMENTO AGROECOLÓGICO ... 93
Rosélia Butista de Melo
José Henrique Ramos Santos
Fernando Ferreira Oiticica
Aline Santos de Sousa
Veronice Santos de Souza
Ariane Araujo Oliveira

CAPÍTULO VII
DESAFIOS DA ASSISTÊNCIA TÉCNICA E EXTENSÃO RURAL NA AGRICULTURA FAMILIAR NA BAHIA: ENFRENTANDO DEMANDAS CRESCENTES COM RECURSOS LIMITADOS ... 119
Rosélia Batista de Melo

CAPÍTULO VIII
RESULTADOS DOS SERVIÇOS DE ATER AGROECOLOGIA ... 121
Rosélia Batista de Melo

CONSIDERAÇÕES FINAIS ... 137
Rosélia Batista de Melo
Jose Orlando Caldas Falcão

REFERÊNCIAS ... 141

SOBRE OS AUTORES ... 143

INTRODUÇÃO

A narrativa desenrola-se em um contexto regional desafiador, em que a agricultura familiar enfrenta obstáculos como minifundiarização, envelhecimento populacional, concentração de terras e insuficiência de renda. A FASE, comprometida com a agroecologia, buscou não apenas realizar uma intervenção educativa, mas catalisar mudanças estruturais perceptíveis e duradouras ao focar na organização comunitária, diversificação da produção e práticas agroecológicas em contraponto ao modelo de desenvolvimento prejudicial ao meio ambiente e excludente, que amplia as desigualdades no campo, criando condições propícias para experiências demonstrativas de produção, comercialização e uso sustentável dos recursos naturais.

O livro, *Ater Agroecológica: experiências de agricultoras(es) protagonistas*, emerge como um testemunho vigoroso das vivências transformadoras de agricultores familiares na Bahia, que desempenharam papéis centrais na execução dos serviços de assessoria técnica promovidos pela FASE entre 2020 e 2023, em 24 comunidades de sete municípios dos territórios do Baixo Sul e Vale do Jiquiriçá.

A FASE Bahia, ao longo de sua atuação desde 1987, insurge como um protagonista central para a educação popular e decide trabalhar com a agricultura familiar quanto sujeitos de direitos, ator principal de sua história, na promoção da segurança alimentar e nutricional e da agroecologia, contribuindo para a formação e afirmação dos agricultores como sujeitos de direitos.

A Assistência Técnica e Extensão Rural (ATER) para agricultura familiar é reconhecida como um direito fundamental, estabelecido na Lei n.º 13272 DE 23/12/2011, que institui a Política Estadual de Assistência Técnica e Extensão Rural para a Agricultura Familiar (PEATER).

> Art. 2º - Para os fins desta Lei, entende-se por:
> I - Assistência Técnica e Extensão Rural - ATER: serviço de educação não formal, de caráter continuado, no meio rural, que promove processos de gestão, produção, beneficiamento e comercialização

de produtos e serviços agropecuários e não agropecuários, inclusive das atividades agroflorestais, agroextrativistas, florestais e artesanais;

A assistência técnica e extensão rural consiste em socializar informações, construir conhecimentos e suporte técnico aos agricultores e agricultoras, ajudando-os a melhorar suas práticas agrícolas, aumentar a produtividade, adotar métodos sustentáveis e fortalecer suas capacidades de gestão de suas organizações, empreendimentos e unidades de produção familiar.

O acesso à ATER desempenha um papel fundamental na promoção da segurança alimentar, no desenvolvimento rural sustentável e na redução da pobreza no meio rural. Além disso, ela contribui para a preservação da cultura local e práticas tradicionais, fortalecendo as comunidades agrícolas. A chamada pública de ATER Agroecologia é uma conquista de diversas organizações que se reúnem em articulações, a exemplo da Articulação Agroecologia da Bahia (AABA), a partir do diálogo constante com o governo do estado por meio da Secretaria de Desenvolvimento Rural (SDR), por meio da Superintendência Baiana de Assistência Técnica e Extensão Rural (BAHIATER), visando o aprofundamento da introdução de práticas de transição agroecológica compreendidas como uma alternativas para contrapor a agricultura convencional.

Figura 1 – Intercâmbio com organizações que compõe a Articulação de Agroecologia na Bahia (Coruja I- PTN)

Fonte: FASE (2023)

A execução da chamada pública de ATER Agroecologia teve início em um momento desafiador diante da pandemia do Covid-19 e suas variantes no segundo semestre de 2020. Foi necessário implementar diversas mudanças nas estratégias de execução das atividades de assessoria técnica, ao mesmo tempo contribuir para medidas de contenção do aumento dos casos de pessoas contaminadas, em contraponto aos discursos negacionistas de lideranças na esfera de governança federal.

Nesse contexto pandêmico, a FASE iniciou as atividades utilizando meios digitais como alternativa para realização de reuniões virtuais de articulação com parceiros e posteriormente reuniões de mobilização de comunidades, enfrentando a baixa disponibilidade de acesso à internet das famílias agricultoras, a partir do esforço concentrado da equipe técnica na busca de alternativas para que os agricultores passassem a compreender o momento, superar as limitações e dominar a tecnologia disponível. A realização dessas atividades contou com autorização da BAHIATER, por meio de ajustes no plano de trabalho.

Figura 2 – Fiscalização da BAHIATER aos trabalhos da FASE (Riacho do Caboclo- PTN)

Fonte: FASE (2022)

Associada a essas oportunidades de conhecimento e desenvolvimento, a execução da Chamada Pública Ater Agroecologia contou com a inauguração do Sistema de Gerenciamento das Atividades de Assistência Técnica e Extensão Rural (SIGATER), que apresentou algumas falhas em sua implementação durante a execução do contrato, levando à realização de diversos ajustes na busca pelo aperfeiçoamento, o que representou significativo prejuízo para o lançamento das atividades

Por parte da equipe da FASE, foi preciso superar desafios com a mudança de profissionais que não se adaptaram à metodologia de realização das atividades impostas pelo contrato assinado junto a BAHIATER.

Tivemos ainda que superar a situação da Declaração de Aptidão ao PRONAF (DAP), pois durante o período inicial da pandemia, muitos agricultores não conseguiram efetuar sua emissão e ou renovação, gerando prejuízo, visto que para o lançamento das atividades realizadas com os agricultores precisaria ter DAP ativa e estar vinculada ao sistema. No final de 2022 e início de 2023, voltamos a enfrentar esses obstáculos com a extinção da DAP e implantação do Cadastro da Agricultura Familiar (CAF), que inicialmente apresentou fragilidades referentes à instabilidade do sistema de emissão e desconhecimentos dos emissores, além da falta de documento dos agricultores(as).

A coleção de 35 histórias de agricultores familiares representada no livro, cuidadosamente sistematizadas, não apenas reflete os desafios enfrentados pelas comunidades agrícolas, mas também destaca conquistas notáveis. Ao longo do processo, foram realizados diagnósticos, caracterizações das unidades produtivas familiares e avaliações pós-assessoria, consolidando resultados expressivos. Dentre as mudanças perceptíveis, destacam-se a transformação nos modelos de produção, a diversificação de cultivos, o empoderamento das mulheres, a permanência estratégica dos jovens no campo e o acesso a políticas públicas.

O livro transcende o âmbito técnico, abordando questões ambientais, sociais, culturais, políticas e econômicas. Enfatiza a importância da soberania e segurança alimentar e nutricional, ressaltando a necessidade de superar desafios como invisibilidade e desvalorização das mulheres na agricultura familiar. O livro também incide sobre o papel crucial da juventude, desmistificando a narrativa do êxodo rural e evidenciando a promissora alternativa da agroecologia.

A segunda parte do livro realiza uma análise quantitativa dos resultados da intervenção educativa do contrato ATER Agroecologia. Gráficos elucidam a evolução no acesso à comercialização, políticas de crédito e adoção de práticas agroecológicas pelas famílias agricultoras. A obra destaca a importância da educação, evidenciando mudanças positivas nas práticas agrícolas e ambientais.

Ao final, expressa-se o agradecimento da FASE Bahia a todos que participaram dessa experiência, sublinhando a resiliência da equipe de educadores diante dos desafios. O livro, mais do que um relato técnico, é um apelo apaixonado para que mais agricultores, pesquisadores, lideranças comunitárias, movimentos sociais e gestores públicos invistam na agroecologia como alternativa viável ao modelo de desenvolvimento atual, centrado na vida e na construção de uma sociedade igualitária.

CAPÍTULO I

CONHECENDO A FASE

A Federação de Órgãos para Assistência Social e Educacional (FASE) foi fundada em 1961. É uma organização não governamental, sem fins lucrativos, de caráter educacional, beneficente, e de assistência social que atua em seis estados, e tem sede no Rio de Janeiro. Desde suas origens, esteve comprometida com o trabalho de organização popular e desenvolvimento local.

O tema do desenvolvimento social e ambientalmente sustentável, a luta pela ação afirmativa de movimentos sociais de mulheres, afrodescendentes e indígenas, bem como, a ação pela exigibilidade em Direitos Humanos, econômicos, sociais, culturais e ambientais, vêm marcando sua atuação nas lutas contra as desigualdades.

A FASE está comprometida desde sua origem com o trabalho de organização e desenvolvimento local, comunitário e associativo, que teve suas bases construídas ao longo da década de 1960. Mas o golpe militar de 1964 fez com que esses rumos tivessem de ser redefinidos. A resistência à ditadura, aliada à formação das oposições sindicais e dos movimentos comunitários de base passaram a ser o foco principal da entidade.

Na década de 1970, apoiou o movimento de organização social que enfrentou a carestia, o trabalho infantil e as desigualdades econômicas e sociais. Teve grande presença junto aos camponeses no norte do Brasil, junto aos trabalhadores rurais do Nordeste, aos trabalhadores da construção civil e das indústrias metalúrgicas do Sudeste e aos movimentos de associações de moradores de norte a sul do país.

Nos anos de 1980, a FASE participou de todo o processo de luta e pressão popular que levou à Anistia, à Constituinte e à volta das eleições diretas para presidente, 29 anos depois. A FASE já denunciava o modelo de desenvolvimento baseado na industrialização acelerada, na internacionalização da economia, na concentração fundiária, na urbanização explosiva. Dizia que os trabalhadores e as trabalhadoras foram excluídos dos ganhos do crescimento econômico e agora eram vítimas da crise.

Ao longo dos anos 1990, a FASE desenvolveu ferramentas e metodologias educativas voltadas para o controle e a gestão popular e a participação em políticas públicas de garantia da cidadania, no âmbito das questões urbanas e rurais. O tema do desenvolvimento social e ambientalmente sustentável, a luta pela ação afirmativa de movimentos sociais de mulheres, afrodescendentes e indígenas, bem como as ações para exigir o cumprimento dos direitos econômicos, sociais e culturais, marcam a atuação da FASE na luta contra as desigualdades. No início dos anos 1990, começam a prevalecer os temas da cidadania e das políticas públicas sobre a ênfase na problemática dos sujeitos e da transformação social, que caracterizava o período anterior.

A FASE teve uma participação destacada nas iniciativas da sociedade civil na Rio-92, questionando o desenvolvimento e debatendo temas centrais como meio ambiente e desenvolvimento, cooperação, biodiversidade e sociodiversidade etc.

Já nos anos 2000, a FASE se lançou na atuação local, nacional e internacional, integrando redes, fóruns e plataformas, sempre em oposição às políticas de caráter neoliberal. No campo da promoção de princípios e da produção de conhecimento, realizou convênios com órgãos públicos, monitorou projetos e fez parcerias com universidades. Os resultados destas ligações podem ser vistos em dezenas de publicações, como na revista *Proposta*, editada há mais de 40 anos, e em seminários, cursos, palestras e campanhas.

Na passagem para o século 21, a FASE se engaja nas primeiras edições do Fórum Social Mundial, como mais uma expressão dos crescentes movimentos de oposição à globalização neoliberal; e a partir do período inaugurado com a eleição de Lula à presidência da república, em 2002, atua para a ampliação do espaço institucional para a participação ativa da sociedade civil sobre as políticas públicas, pressão por ganhos reais pelos setores populares e por reformas estruturais efetivas, muitas delas não concretizadas.

Nos anos 2010, a FASE chega aos 50 anos com uma história contínua, e numa situação de inequívoca solidez institucional. A trajetória da organização foi marcada por várias metamorfoses e mudanças mais ou menos radicais dos paradigmas para a sua atuação, "sobretudo, em termos de ideários norteadores de sua ação, de alianças e de posições assumidas no campo político e no espaço público brasileiro que também se transformava", como assinalam Tatiana Dahmer Pereira e Leilah Landim (2011), presidenta e vice-presidenta do Conselho Deliberativo da FASE, no livro *Pensar com os outros – 50 anos de FASE: trajetórias de uma organização da sociedade civil brasileira* (disponível para leitura aqui: https://issuu. com/ongfase/docs/50anos).

Atualmente, a FASE procura adequar-se às novas circunstâncias de desmonte das políticas públicas, da legislação ambiental, do sistema de proteção social, dos direitos dos trabalhadores, dos direitos territoriais, entre outros. A radicalização desse processo, a resiliência da FASE e sua capacidade de contribuir para o fortalecimento da resistência dos grupos com que trabalha estão sendo mais uma vez postas à prova neste momento que comemoramos nossos 60 anos de existência.

FASE BAHIA

Promover a segurança alimentar e nutricional e a agroecologia, fortalecendo a organização comunitária, sindical e cooperativista, incentivando a articulação das mulheres como sujeito de direitos são as principais atividades do programa da FASE na Bahia. Essa unidade tem como premissa a educação popular como fundamento de sua atuação.

O programa da FASE na Bahia foi fundado em 1987, em Itabuna. Em 2009, o escritório foi transferido para Salvador, e desenvolveu suas atividades nos territórios Vale do Jiquiriçá e no Baixo

Sul, situados no Bioma da Mata Atlântica e áreas de transição, com a Caatinga. A FASE Bahia intervém educativamente junto aos agricultores e agricultoras familiares, contribuindo para sua formação e afirmação enquanto sujeitos de direitos comprometidos em disputar alternativas de desenvolvimento, dispostos a influenciar na formulação, orientação, implementação e avaliação de políticas públicas.

Em aproximadamente 60 comunidades, famílias agricultoras recebem assessoria técnica inspirada por concepções agroecológicas. Associações e cooperativas, de acordo com a particularidade de cada uma, contam com apoio no processo de criação de galinha caipira, desenvolvimento de quintais agroflorestais, hortas, na incorporação de práticas agroecológicas, suporte na implantação de unidades de processamento de derivados de mandioca, frutas e cozinhas comunitárias para elaboração de alimentos utilizando ingredientes produzidos localmente. A FASE faz acompanhamento técnico na certificação orgânica participativa, na gestão do fundo rotativo solidário dos grupos de mulheres, na gestão dos projetos produtivos assumidos por associações comunitárias, estimulando o acesso de famílias e de suas entidades à políticas públicas como comercialização, Assistência Técnica Rural (ATER), Programa de Aquisição de Alimentos (PAA), Programa Nacional da Alimentação Escolar (PNAE) e editais públicos para financiamento de projetos de investimento comunitário na agricultura.

Como entidade do campo da Associação Brasileira de ONGs (ABONG) e da Articulação Nacional de Agroecologia (ANA), a FASE Bahia participa da Rede Agroecológica do Baixo Sul e Vale do Jiquiriçá, na Articulação da Agroecologia na Bahia (AABA), Fórum Baiano da Agricultura Familiar (FBAF), Plataforma Marco Regulatório da Organizações da Sociedade Civil (MROSC), Articulação do Campo, ABONG, Colegiado de Desenvolvimento Territorial do Baixo Sul e do Vale do Jiquiriçá, Conselhos Municipais de Alimentação Escolar, Segurança Alimentar e Nutricional, Defesa dos Direitos das Mulheres, e Desenvolvimento Sustentável de P. Tancredo Neves, Conselho Municipal de Desenvolvimento Sustentável de Amargosa, Conselho Municipal de Desenvolvimento Sustentável de São Miguel das Matas, Conselho Municipal de Desenvolvimento Sustentável de Ubaira, Conselho Municipal de Meio Ambiente de Laje e participa do Grupo de Trabalho Operacional da Chamada de ATER Agroecologia.

Dentre as diferentes ações desenvolvida pela FASE, a realização e o apoio a campanhas humanitárias e de solidariedade têm sido colocados em prática, uma vez que as desigualdades sociais foram ampliadas devido a pandemia do covid-19 e o aumento de desastres ambientais, diante do agravamento das mudanças climáticas, causando danos para moradores da zona rural e urbana nos territórios de atuação da FASE, tais como as enchentes de 2021.

A missão da FASE é contribuir para a construção de uma sociedade democrática e atuante em favor de alternativas ao atual modelo de desenvolvimento, buscando sempre por justiça ambiental e universalização de direitos sociais, econômicos, culturais, civis e políticos como condições iniciais para a inclusão de grande parte da população brasileira ainda em condições de desigualdade.

O objetivo da FASE é avançar na construção de um campo político crítico ao projeto desenvolvimentista dominante, contribuindo para a disputa coletiva por um Brasil fundado na democracia substantiva e na sustentabilidade socioambiental. Só a mobilização social e política da sociedade brasileira é condição e meio para a garantia e o fortalecimento dos Direitos Humanos, de uma nova agenda de proposição de alternativas ao modelo de desenvolvimento, das políticas públicas, por meio de novas práticas de controle e da participação social para a melhoria de vida da maioria da população.

A FASE atua a partir de quatro grandes causas (direito à cidade, justiça ambiental, segurança alimentar e agroecologia e mulheres enquanto sujeitos de direitos), de modo a integrar suas equipes de trabalho nos seis estados e o Núcleo de Políticas e Alternativas (NUPA), visando uma leitura mais global de questões e impasses gerados pelo atual modelo de desenvolvimento.

CAPÍTULO II

SOBERANIA E SEGURANÇA ALIMENTAR E NUTRICIONAL: A NECESSIDADE URGENTE DE GARANTIR O DIREITO HUMANO À ALIMENTAÇÃO

Rosélia Batista de Melo
Elenilda dos Santos Porcino Leite
Fernando Ferreira Oiticica
Ariane Araújo Oliveira
Silvanei Barbosa dos Santos

A soberania e segurança alimentar e nutricional é um tema central nas discussões realizadas junto aos agricultores(as) familiares durante todo o percurso de execução do ATER agroecologia executado pela FASE. As comunidades assessoradas abrigam grande potencial de diversidade da produção agrícola, no entanto, se faz necessário fomentar a discussão em torno da promoção da SSAN, dentro dos sistemas produtivos.

No Brasil, a Lei Orgânica de Segurança Alimentar e Nutricional (LOSAN – Lei n.º 11.346, de 15 de setembro de 2006), define a segurança alimentar e nutricional como:

> [...] realização do direito de todos ao acesso regular e permanente a alimentos de qualidade, em quantidade suficiente, sem comprometer o acesso a outras necessidades essenciais, tendo como base práticas alimentares promotoras de saúde que respeitem a diversidade cultural e que sejam ambiental, cultural, econômica e socialmente sustentáveis.

De acordo com estudos como *Agricultura Familiar e Desenvolvimento Rural na Bahia* (SILVA, 2018), a produção da agricultura familiar agroecológica é uma estratégia crucial para fortalecer a soberania alimentar. A segurança alimentar e nutricional vai além da disponibilidade de alimentos, e se configura com a relação que o indivíduo tem com o alimento. Falar em "segurança" coloca a segurança alimentar e nutricional como um indutor que constitui um conjunto de direitos econômicos, sociais e culturais, intrinsecamente ligados a outros direitos, tais como moradia, saúde ou educação.

Promover a soberania alimentar e segurança nutricional também é investir em métodos de produção agrícola que preservam a saúde do solo, conservam a biodiversidade, e reduzem o uso de insumos externos, contribuindo significativamente para o aumento da produção e consumo de alimentos saudáveis, mesmo tendo como desafios o enfrentamento às mudanças climáticas, os conflitos e as desigualdades. As experiências a seguir possibilitam a visibilização da intervenção educativa da FASE sobre a temática.

Figura 1 – Feira Agroecológica realizada em Presidente Tancredo Neves

Fonte: FASE (2022)

I. Rumo à Agroecologia: transformação e prosperidade na Unidade de Produção Familiar de Edvaldo dos Santos Cruz e Luísa de Jesus Santos em Cariri, Mutuípe, Bahia

Luísa e Edivaldo participaram do processo de Assistência Técnica e Extensão Rural (ATER) em Agroecologia e após a aplicação e análise do Diagnóstico da Unidade de Produção Familiar, observou-se que o casal possuía potencial para ser uma das famílias a serem caracterizadas, com uma atenção especial da equipe de educadoras da FASE Bahia. Antes da intervenção da ATER, a produção não era diversificada e se baseava na produção de produtos para o mercado em detrimento da produção de alimentos, não se realizava práticas de manejo adequadas de proteção e conservação do solo, limitando-se ao uso de técnicas convencionais de cultivo, dependência de insumos externos, predominância de monocultivos e venda de seus produtos por meio de atravessadores. Com a implementação do ATER Agroecologia entre os anos de 2020 a 2023, a família diversificou suas atividades, introduzindo o cultivo de grãos e hortaliças, a criação de aves de corte e produção de ovos, passando a adotar práticas agroecológicas para a proteção e conservação do solo (plantio em curva de nível, uso de cobertura morta e introdução de leguminosas). A família passou a contar com uma nascente preservada, inserida na Área de Preservação Permanente (APP), além da participação em atividades coletivas na comunidade, gestão da Unidade de Produção Familiar, diversificação de mercados — incluindo feiras locais e regionais — e acesso a política pública de crédito (PRONAF).

Figura 2 – Quintal produtivo de Edvaldo dos Santos

Fonte: FASE (2021)

A intervenção da assistência técnica resultou em um aumento significativo na diversidade de cultivos no quintal produtivo, passando de 15 para 27 produtos destinados à comercialização e autoconsumo, contribuindo para a geração de renda e para a segurança alimentar e nutricional da família. A partir dos conhecimentos adquiridos em técnicas agroecológicas, passaram adotar práticas de proteção e conservação do solo, tratos culturais, controle alternativo de pragas e doenças, produção de biofertilizantes, diversificação de cultivos, assim evidenciando o processo contínuo de transição para a agroecologia.

Figura 3 – Agricultora e educadoras da FASE na construção da horta familiar

Fonte: FASE (2021)

Vale ressaltar que a obtenção da Declaração de Aptidão ao PRONAF (DAP) e o acesso ao Programa Nacional de Fortalecimento da Agricultura Familiar (PRONAF) proporcionou suporte financeiro à família para investimentos e possibilidades de diversificação da produção na Unidade Familiar. A diversificação de mercados para escoamento da produção também se mostrou um fator crucial para o sucesso dessa transição, incluindo a venda direta a atravessadores em feiras locais e regionais. Um aspecto importante foi o empoderamento socioeconômico de Luísa, que mesmo aposentada, dedica-se ao quintal produtivo, à produção de polpas de frutas comercializadas no município de Valença, Bahia, e ao armazenamento de sementes crioulas, proporcionando sua independência socioeconômica.

II. Trilhando o Caminho da Agroecologia Sustentável: experiência transformadora

Jeovane do Nascimento Neves, residente na comunidade Duas Barras, município de Ubaíra, Bahia, cuja trajetória exemplifica uma notável transformação impulsionada pela Assistência Técnica e Extensão Rural (ATER). Ao longo dos anos, Jeovane viu sua Unidade de Produção Familiar evoluir de um modelo convencional para uma prática agrícola integrada aos princípios da agroecologia.

Figura 4 – Agricultora Jeovane irrigando a horta familiar

Fonte: FASE (2021)

No período de 2006 a 2020, Jeovane experimentou melhorias substanciais em sua qualidade de vida graças ao acesso a programas sociais como Bolsa Família, Auxílio Maternidade e Programa Luz para Todos. Aquisição de veículo e acesso à internet marcaram momentos importantes, expandindo suas possibilidades de comunicação e mobilidade. A ATER foi o catalisador para a mudança de paradigma na Unidade de Produção Familiar, cujo diagnóstico inicial revelou dependência excessiva de insumos químicos, mercado externo e práticas prejudiciais ao solo e à biodiversidade. A intervenção da ATER proporcionou um processo de formação teórico-prático, abordando manejo sustentável do solo, consórcio de culturas, horticultura e técnicas de adubação orgânica.

Com o envolvimento no programa de ATER em agroecologia a partir de 2020, Jeovane deu passos decisivos em direção a uma produção agroecológica sustentável e acesso a políticas públicas, como o Programa de Aquisição de Alimentos (PAA) e o Programa Nacional de Fortalecimento da Agricultura Familiar (PRONAF), abrindo novas oportunidades de comercialização e investimentos na Unidade de Produção Familiar. Na produção, a utilização de biocaldas e biofertilizantes diminuiu a dependência de produtos químicos.

A estratégia bem-sucedida da ATER buscou trabalhar a diversificação da produção com a introdução de cultivos alimentares como o milho, feijão, melancia, abóbora e hortaliças, o armazenamento de sementes crioulas, a diminuição considerável do uso de agroquímicos e a adoção continua de práticas agroecológicas.

Figura 5 – Orientação técnica na horta familiar de Jeovane

Fonte: FASE (2021)

O envolvimento na diretoria da associação destacou seu papel ativo na mobilização da comunidade, mostrando que a Assistência Técnica e Extensão Rural (ATER) desempenha um papel crucial como política pública, estimulando uma ampla gama de atividades produtivas e facilitando o acesso a programas e políticas destinados a fortalecer a agricultura familiar. Já que a ATER não apenas capacita os agricultores, mas também os conecta a recursos essenciais e oportunidades de desenvolvimento.

III. Trajetória de Transformação: agricultores de Traíras, Bahia, rumo à sustentabilidade e autonomia

Justiniano Santos Oliveira e Rita Maria dos Santos, residentes na comunidade de Traíras, no município de Mutuípe, Bahia, Brasil, têm uma história marcante de superação e transformação em sua propriedade de um hectare ao longo das últimas duas décadas. Nesse período, eles enfrentaram desafios, adquiriram conhecimentos e participaram ativamente de programas e políticas públicas que impulsionaram seu caminho em direção à sustentabilidade e autonomia

Com o início da ATER e análise do diagnóstico inicial da Unidade de Produção Familiar, observou-se a dependência de insumos externos para a produção, utilização de agroquímicos na fertilização do solo, controle de pragas e doenças das lavouras, monocultivos, dependência do atravessador, deficiência nutricional do solo e ataque de pragas e doenças na cultura do cacaueiro. De posse dessas informações, a equipe técnica da FASE Bahia elaborou um plano de intervenção para introdução de práticas sustentáveis de produção agroecológicas com a realização de atividades coletivas, formação continuada e, por meio das visitas técnicas com a família, iniciou um processo de transição agroecológica e utilização de insumos orgânicos, bem como o fomento à participação social, acesso a políticas públicas e diversificação do mercado para escoamento da produção.

Figura 6 – Sr. Justiniano realizando a produção de composto orgânico

Fonte: FASE (2022)

Durante a atuação do ATER Agroecologia, foram sendo diagnosticados avanços como a diminuição do uso de inseticidas no controle de pragas e doenças, a realização de coleta e análise de solo, a correção e adubação orgânica, a incorporação de práticas orgânicas como caldas biológicas, biofertilizantes e manejo adequado do cacaueiro, além da construção de uma composteira caseira com a finalidade da criação de minhocas para produção de húmus utilizados nos canteiros de horta.

Figura 7 – A técnica Ariane identificando doenças no cacaueiro

Fonte: FASE (2023)

O aumento da produção e comercialização do mel de cacau, a participação ativa na associação comunitária, assim como nas atividades comunitárias, o atendimento do CRAS Rural na comunidade onde a família era participante ativa incentivaram a Sr.ª Rita a fazer caminhadas e se exercitar todas as noites junto das outras mulheres da comunidade. A família, além de participar ativamente, buscava testar os conhecimentos construídos nos momentos coletivos de formação e visitas técnicas. Sr.ª Rita e outras mulheres da comunidade se organizaram para criar um grupo de mulheres com objetivo de buscar formação a partir de oficinas de artesanatos, culinária etc., transformando o grupo em um espaço de auto-organização e geração de renda para as mulheres.

A experiência de Justiniano e Rita é um testemunho inspirador de resiliência e transformação, na superação de desafios desde a aquisição da primeira área de terra com a indenização trabalhista até a participação na política de ATER Agroecologia como instrumento de implementação de práticas agroecológicas, acesso a políticas públicas, na superação de obstáculos, tornando-se referência de mudança em sua comunidade.

IV. A Importância do Acesso a Políticas Públicas e Práticas Agroecológicas na Promoção da Segurança Alimentar e Nutricional (SAN) em Riacho do Caboclo, Presidente Tancredo Neves, Bahia

Maria Rosa de Jesus Santos, residente no Sítio Santo Antônio, localizado na comunidade Riacho do Caboclo, município de Presidente Tancredo Neves, Bahia, Brasil.

A unidade familiar, caracterizada como minifúndio na região do Ouro Preto, município de Presidente Tancredo Neves, desempenha um papel crucial no cultivo de alimentos para subsistência da família. Hortaliças, mandioca, cacau, banana, criação de aves, feijão, milho, entre outros produtos, são cultivados não apenas para consumo próprio, mas também para comercialização na comunidade, na sede do município, no Programa de Aquisição de Alimentos (PAA) e no Programa Nacional de Alimentação Escolar (PNAE).

Durante a pandemia, o edital emergencial 015/2020, lançado pela SDR/CAR, propiciou a oportunidade de participação da comunidade Riacho do Caboclo. Com o apoio da equipe de educadores(as) técnicos(as) da FASE Bainha, foi elaborada uma proposta para a associação comunitária, garantindo assistência técnica por meio do edital de ATER Agroecologia n.º 001/2018/SDR/BAHIATER.

Figura 8 – Assessoria técnica na instalação do sistema de irrigação

Fonte: FASE (2022)

A seleção da comunidade para a execução do projeto resultou na instalação de um quintal produtivo do Programa Bahia Produtiva, contribuindo não apenas para a diversificação da produção e a segurança alimentar e nutricional, mas também promovendo o trabalho coletivo e solidário entre outras quatro agricultoras e um agricultor em um grupo informal para produção de hortaliças. Esse grupo, incentivado pela equipe de assistência técnica da FASE, adotou práticas agroecológicas, incluindo o uso de tecnologias sociais para produção e multiplicação de sementes, produção, incorporação e utilização de composto orgânico, além de diversificação da produção e rotação de cultivos.

O acesso à Assistência Técnica e Extensão Rural (ATER) possibilitou à família iniciar o processo de diversificação da produção, ampliando sua participação nas vendas para o PNAE e para o PAA, gerido pela Secretaria Municipal de Assistência Social do município de Presidente Tancredo Neves. Além disso, a família foi beneficiada pelo PAA Emergencial, executado pela Associação dos Pequenos Agricultores da Região do Riacho do Caboclo (ASPARC), via emenda parlamentar.

A organização do grupo produtivo, impulsionada pela ATER, ganhou ainda mais relevância com a implementação do Quintal Produtivo do Programa Bahia Produtiva do Governo do Estado, apoiado pela Secretaria de Desenvolvimento Rural por meio da Companhia de Desenvolvimento e Ação Regional (CAR).

A partir de formações e visitas técnicas, a unidade familiar incorporou práticas agroecológicas, como a produção e utilização de caldas para controle natural de pragas e doenças e a utilização de composto orgânico com resíduos da produção agrícola e dejetos da criação de suínos e aves na propriedade. Este avanço permitiu uma redução significativa na dependência de insumos externos, marcando um importante passo na transição agroecológica na propriedade, com a diminuição do uso de fertilizantes químicos, calcário e cama de frango.

A infraestrutura hídrica da Unidade de Produção Familiar é razoável, contando com cisternas de 50 m³ para a produção e 16 m³ para o consumo familiar.

V. Cultivando Conhecimento e Semeando Agroecologia

Manoel Souza Bonfim e Cecilia dos Santos Lessa são residentes na comunidade Riacho de Areia, no Município de Ubaíra, Bahia, proprietários de 15 hectares de terras, além de participarem da diretoria do SINTRAF de Ubaíra. Sua experiência é referência como liderança comunitária, desempenhando papel fundamental na mobilização da comunidade. Com a chegada da Assistência Técnica e Extensão Rural (ATER) à comunidade, observou-se uma produção convencional baseada em monocultivos, pastagens e criação de bovinos, com uma alta dependência de insumos externos e altos custos de produção.

Figura 9 – Elenilda (técnica) e familia assessorada apresentando o mapa da Unidade Produtiva Familiar

Fonte: FASE (2021)

A intervenção da assistência técnica foi baseada em um diagnóstico abrangente da comunidade e da Unidade de Produção Familiar. Os dados obtidos direcionaram ações específicas voltadas para a transição agroecológica, por meio de visitas técnicas regulares e um processo contínuo de formação fundamentado na educação popular, em que o conhecimento foi construído e experimentado.

Ao longo de três anos, a intervenção técnica-educativa na comunidade e na unidade de produção de Seu Manoel resultou no desenvolvimento de práticas sustentáveis, como a implementação de técnicas de recuperação e conservação do solo, diversificação de cultivos, criação de pequenos animais, produção de biofertilizantes e biocaldas para controle alternativo de pragas e doenças. Essas iniciativas contribuíram para reduzir a dependência de insumos externos, como fertilizantes e pesticidas.

O fortalecimento do associativismo e o conhecimento das políticas públicas foram cruciais para o acesso ao Programa de Aquisição de Alimentos (PAA), o Programa Nacional de Fortalecimento da

Agricultura Familiar (PRONAF) e o Garantia Safra, melhorando as condições de investimento que abriram portas para a diversificação de mercados, proporcionando um impulso significativo à economia local.

Dona Cecília (*in memoriam*) nos deixou, porém permanece viva na memória da comunidade, das pessoas e organizações que tiveram o prazer de sua atenção e companhia, com sua dedicação ao quintal produtivo, organizando plantas, hortas, criatórios, além dos afazeres domésticos, revelando-nos uma vivencia na agricultura familiar rica, evidenciando o seu desejo de compartilhar conhecimento e promover a autossuficiência na comunidade.

VI. Experiências de Transformação em Água Branca, Ubaíra, Bahia

A história de Silvério Ribeiro Souza (*in memoriam*) e Marinalva Santos Souza, na comunidade de Água Branca, Ubaíra, Bahia, nos mostra uma experiência transformadora rumo à sustentabilidade. Com uma área de 13 hectares, o casal percorreu um caminho significativo ao longo dos anos, conforme relato a seguir:

Figura 10 – Silverio e Marinalva desenhando o mapa da Unidade Produtiva Familiar

Fonte: FASE (2022)

Durante o período de 2005 a 2020, o casal conquistou diversos marcos, como o acesso ao Bolsa Família, a presidência da Associação Comunitária, a construção da casa de farinha e a alfabetização pelo Todos Pela Alfabetização (TOPA). Ambos obtiveram aposentadoria, além do acesso ao Programa Luz para Todos, PRONAF, financiamento da casa própria e celular rural. A entrada na política pública de ATER agroecologia foi um ponto crucial na maneira de produzir e investir na Unidade de Produção Familiar.

Figura 11 – Casa de farinha e Marinalva na produção

Fonte: FASE (2022)

No período de 2021 a 2023, com a intervenção da ATER, o casal adquiriu equipamentos para a casa de farinha, ampliou a área de produção de hortaliças e diversificou os cultivos, incluindo feijão e amendoim. Inicialmente, o modelo de produção era convencional, com uso intensivo de agroquímicos, práticas degradantes do solo e dependência de insumos externos, escoando a produção via atravessador.

Durante as atividades da ATER, por meio de visitas técnicas e formação continuada, experimentaram técnicas de produção sustentável e agroecológica. Adotaram práticas de manejo adequado do solo, consórcio de culturas, cultivos de ciclo curto, implantação de horta e preparo de insumos biológicos. A ênfase na segurança alimentar e soberania alimentar e nutricional (SSAN), comercialização em feiras e fortalecimento do associativismo foi notável.

Os avanços foram expressivos, destacando a participação em atividades comunitárias, práticas de manejo e conservação do solo, diversificação dos cultivos, ampliação da área da horta familiar e o uso de caldas biológicas no controle de pragas e doenças. A análise de solo, reforma da casa de farinha e o fortalecimento do associativismo também são notáveis. A família sofreu uma grande perda no final de 2023, com a partida do sr. Silvério (*in memoriam*), que deixou seu legado na construção da comunidade enquanto líder da associação, e contribuição na execução das atividades coletivas e individuais do ATER Agroecologia.

CAPÍTULO III

AGROECOLOGIA PARA A SUCESSÃO NA AGRICULTURA FAMILIAR

Rosélia Batista de Melo
Elenilda dos Santos Porcino Leite
Fernando Ferreira Oiticica

A presença da juventude na agricultura familiar é fundamental para o futuro das comunidades rurais. Contrariando a visão estereotipada de que os jovens abandonam as atividades agrícolas em busca de oportunidades urbanas, dados apontam que os jovens saem do campo por não visualizarem sua permanência no campo a partir de uma narrativa promissora. De acordo com o Relatório sobre Juventude Rural da Organização das Nações Unidas para a Alimentação e a Agricultura (FAO) de 2019, a participação dos jovens na agricultura familiar tem experimentado um aumento notável nas últimas décadas, desafiando a narrativa do êxodo rural. No entanto, a permanência inteligente no campo só se consolida a partir de investimentos públicos específicos para a juventude do campo.

Apesar do aumento da participação, a juventude na agricultura familiar na Bahia enfrenta desafios específicos. Para além do acesso a políticas públicas de incentivo à cultura e ao lazer, o acesso limitado a crédito e terra é uma preocupação destacada nos dados do IBGE, ressaltando a necessidade de políticas que diminuam essas barreiras (IBGE, Pesquisa Nacional por Amostra de Domicílios, 2021).

De acordo com o IBGE, a participação dos jovens na agricultura familiar na Bahia tem registrado um crescimento notável nos últimos anos. Essa tendência desafia as percepções tradicionais sobre o êxodo rural, indicando um maior interesse e envolvimento da juventude nas atividades agrícolas (IBGE, Censo Agropecuário, 2017).

Reconhecer e apoiar a juventude é essencial para garantir um futuro resiliente e próspero nas comunidades rurais. Como disse o filósofo grego Aristóteles, "A juventude é a época de se estudar a sabedoria; a velhice é o tempo de a praticar". Na agricultura familiar, a sabedoria e a prática estão intrinsecamente entrelaçadas, e a juventude desempenha um papel fundamental nessa jornada contínua.

Uma análise da Organização das Nações Unidas para a Educação, a Ciência e a Cultura (UNESCO) destaca a importância da educação e capacitação para os jovens agricultores, enfatizando que investir em seu desenvolvimento educacional fortalece não apenas o setor agrícola, mas também a resiliência das comunidades.

A sucessão na agricultura familiar é um desafio premente que se apresenta como um obstáculo à continuidade das tradições agrícolas. Sem políticas públicas de inclusão, os jovens têm optado por buscar oportunidades nas áreas urbanas, afastando-se do campo e colocando em risco a perpetuação dessas práticas tão importantes para o nosso tecido social e econômico. No entanto, há uma alternativa promissora que pode atrair os jovens agricultores a permanecerem no campo, a partir da construção de conhecimentos com a intervenção do ATER Agroecologia.

A agroecologia, como abordagem sustentável na agricultura familiar, desempenha um papel fundamental na promoção da sucessão da agricultura familiar. Ela não apenas enfrenta os desafios significativos de manter os jovens no campo, mas também oferece uma visão mais atrativa e viável para as futuras gerações.

A agroecologia incentiva práticas agrícolas que minimizem o uso de insumos químicos prejudiciais ao meio ambiente e à saúde. Em um mundo cada vez mais consciente dos impactos negativos dos produtos químicos na natureza, essa abordagem representa uma forma responsável e ética de produzir alimentos. A produção de alimentos saudáveis é uma demanda crescente, especialmente entre os jovens que valorizam sua saúde e o bem-estar de suas famílias.

Além disso, a agroecologia resgata e valoriza o conhecimento local e tradicional, que é passado de geração em geração. Isso cria um senso de pertencimento e respeito às raízes culturais, algo que pode ser profundamente atraente para os jovens que desejam se conectar com suas heranças e tradições familiares. A agroecologia não aborda apenas sobre culturas ecológicas, mas também sobre preservar a cultura agrícola que sustentou famílias por gerações.

Outro aspecto fundamental é a diversificação de culturas, uma prática central na agroecologia. Isso não apenas aumenta a resiliência da agricultura familiar diante de mudanças climáticas e problemas de pragas, mas também cria oportunidades de negócios variados. Os jovens podem explorar novas culturas, produtos e mercados, tornando a agricultura familiar mais dinâmica e atraente do ponto de vista econômico.

A assessoria técnica agroecológica desempenha um papel fundamental nesse processo. Ela fornece o conhecimento e as ferramentas necessárias para a transição e para práticas agrícolas mais sustentáveis. Além disso, ajuda a estabelecer redes de apoio, promover a educação e a capacitação, e facilitar o acesso a novas fontes de recursos, como outras áreas para financiamento e novos mercados. Tudo isso torna a agricultura familiar mais acessível e atraente para os jovens.

A agroecologia como modelo de desenvolvimento é uma via promissora para garantir a sucessão na agricultura familiar. Ela não apenas aborda desafios dos jovens de como viver em realidades muito diferentes em um centro urbano, mas também oferece uma visão de um futuro agrícola mais sustentável, saudável e culturalmente rico. Por meio da assessoria técnica agroecológica e do comprometimento de todos os envolvidos, podemos assegurar que a agricultura familiar continue a prosperar, beneficiando tanto as atuais quanto as futuras gerações.

I. Retorno às Raízes: a jornada de Antônio Carlos na agricultura familiar agroecológica em Ubaíra, Bahia

Essa caracterização da Unidade de Produção Familiar relata a experiência do jovem agricultor familiar Antônio Carlos dos Santos Silva, da comunidade de Duas Barras, município de Ubaíra, Bahia,

Brasil, proprietário de um hectare de terra, vítima do êxodo rural, com tentativas frustradas de sobrevivência em São Paulo e no Espírito Santo. Em 2019, retornou para a comunidade de origem para dedicar-se à agricultura como meio de produção, geração de renda e alternativa de vida, iniciando com a produção de hortaliças, a partir da reserva financeira adquirida nos trabalhos fora da propriedade.

Figura 1 – Joven Antonio e seus pais na plantação de pimenta do reino

Fonte: FASE (2021)

Em 2020, foi selecionado para participar das atividades do ATER Agroecologia, e com a orientação da equipe técnica da ATER, Antônio conseguiu a emissão da Declaração de Aptidão (DAP) ao PRONAF, o que possibilitou acessar a política de crédito do PRONAF para investimento em parceria com seu pai Vitoriano na implantação do roçado de pimenta do reino e inhame. Teve participação ativa no processo de formação continuada sobre novas tecnologias e tornou-se fiscal da associação comunitária. Iniciou a realização de práticas de conservação do solo e o plantio de cultura anual (hortaliças e grãos) integrados à criação de suínos, produzindo alimentação alternativa para diminuição dos custos de produção, além iniciar a ampliação dos meios de comercialização participando da feira de Amargosa.

Figura 2 – Criação de suinos do jovem Antonio

Fonte: FASE (2022)

Com a realização de atividades de formação teórico práticas, visitas técnicas na comunidade e realização do Diagnóstico da Unidade de Produção Familiar, observou-se mudanças importantes no sistema produtivo do agricultor, saindo de um modelo de produção convencional com utilização de fertilizantes químicos e alta dependência de insumos externos na produção agrícola, para a adoção de práticas agroecológicas, tais como: manejo do solo; análise do solo; consórcio de culturas; plantio de milho (alimentação para as aves e suínos), feijão; plantio de hortaliças; preparo de insumos biológicos (fertilizantes naturais, defensivos naturais, e adubação verde); importância da soberania alimentar e nutricional (SAN); gestão da produção; comercialização nas feiras; fortalecimento do associativismo comunitário; política pública da Declaração de Aptidão ao PRONAF (DAP); cadastramento rural (CAR), refletindo não apenas uma mudança na maneira de produzir, mas também, um fortalecimento da sustentabilidade e da participação ativa na comunidade local.

II. Juventude Protagonista: a transformação de Jaelson de Souza na agricultura familiar agroecológica em Duas Barras, Ubaíra, Bahia.

Jaelson, agricultor e filho de uma família de agricultores familiares, desempenhou um papel significativo na comunidade entre os anos de 2020 e 2023, apoiando e sendo protagonista na realização das ações de Assistência Técnica e Extensão Rural (ATER). Seu crescimento pessoal e sua mudança de visão de mundo estão intrinsecamente ligados ao processo educativo de assessoria técnica experimentado na comunidade de Duas Barras, a partir da intervenção educativa da FASE.

Durante esse período, foi possível observar avanços importantes, saindo de uma fase de descrédito das famílias da comunidade relacionada às possibilidades de fortalecimento comunitário por meio do associativismo, para tornar-se um motivador e líder comunitário desempenhando um papel crucial na mobilização para a execução de atividades como cursos e oficinas. No período de execução da ATER, assumiu a presidência da associação, promovendo mudanças importantes como a regularização da documentação fiscal e contábil da associação.

Para proporcionar seu desenvolvimento enquanto agricultor familiar, teve acesso ao contrato de comodato que possibilitou a emissão da Declaração de Aptidão ao PRONAF-DAP, e consecutivamente o acesso a política pública de crédito a partir do PRONAF, bem como sua inserção na política pública de comercialização por meio do Programa de Aquisição de Alimentos (PAA).

Figura 3 – Joelson selecionando produtos para entrega no PAA

Fonte: FASE (2023)

Além dessas conquistas, iniciou a transição do modelo convencional para o agroecológico, implementando práticas de manejo do solo e das plantas, produzindo defensivos naturais e adubação orgânica utilizando materiais da própria propriedade, ampliada com a aquisição de uma área de terra para implantação de culturas permanentes e de ciclo curto.

Figura 4 – Agricultor realizando a aplicação de biofertilizante no quintal produtivo

Fonte: FASE (2023)

Atualmente Jaelson está envolvido no Projeto Parceria Mais Forte em colaboração com a Secretaria de Agricultura do município de Ubaíra, na Bahia.

Relato do Agricultor:

> *Sou imensamente grato a todos os técnicos da Fase por terem enriquecido minha jornada com valiosas experiências que aprimoraram significativamente a produção em meu sítio. Através do apoio deles, pude aprofundar meu conhecimento na área de controle de pragas, alcançando um método livre de agrotóxicos na lavoura. Essa abordagem não apenas beneficiou nossa produção, mas também nos abriu portas para o Programa de Aquisição de Alimentos (PAA), no qual a Fase nos apoiou integralmente. É inegável afirmar que minha área de produção expandiu-se consideravelmente desde que recebi assistência técnica da ATER. Durante todo o período em que os técnicos estiveram conosco, fui capaz de absorver conhecimento e informações essenciais para o avanço de nossas práticas agrícolas. Quero expressar minha sincera gratidão às educadoras da Fase, Elenilda e Ariane, cujo trabalho meticuloso deixou uma marca indelével. Continuaremos a aplicar e aprimorar tudo o que aprendemos sob a orientação valiosa desses profissionais.*

III. Jovem Experimentador: avanços e inovações na agricultura familiar de Ivanildo Muniz Santos em Riacho de Areia, Ubaíra, Bahia.

O jovem Ivanildo Muniz Santos, residente na comunidade de Riacho de Areia, município de Ubaíra, minifundiário e proprietário de um hectare de terra, teve a oportunidade de acessar a política pública de ATER a partir da FASE Bahia, com recursos do contrato 017/2019-FASE/SDR/BAHIATER, que trabalhou o protagonismo da juventude na comunidade e na sua Unidade de Produção Familiar. Apesar de o jovem já utilizar práticas agroecológicas de produção, durante os três anos de acompanhamento técnico, ele foi redescobrindo novas tecnologias e adquirindo novos conhecimentos por meio da formação continuada e de visitas técnicas, possibilitando avanços importantes como a ampliação da diversidade de cultivos agrícolas, criação de pequenos animais, fortalecimento do associativismo e participação como diretor no sindicato da agricultura familiar do município.

Figura 5 – Jovem em sua unidade de produção

Fonte: FASE (2022)

A ATER Agroecológica possibilitou avanços significativos na participação da juventude em espaços de fortalecimento das ações na comunidade, a produção e armazenamento de sementes crioulas, o aumento da produção para consumo e alimentação animal, bem como o acesso à política pública de comercialização por meio do Programa de Aquisição de Alimentos (PAA) e do Programa Nacional de Fortalecimento da Agricultura Familiar (PRONAF) para investimento no quintal produtivo.

Destaca-se ainda que Ivanildo deu início à comercialização de seus produtos por meio de uma lojinha virtual (Orgânicos Sabor do Paraíso), e está considerando investir no turismo rural em sua região. Essas iniciativas refletem não apenas o desenvolvimento técnico e produtivo, mas também a busca por alternativas inovadoras de comercialização e valorização do seu trabalho no contexto agrícola.

CAPÍTULO IV

MULHERES NA AGROECOLOGIA

Rosélia Batista de Melo
Aline Santos de Sousa
Fernando Ferreira Oiticica
Veronice Santos de Souza
Elenilda dos Santos Porcino Leite
José Henrique Ramos Santos
Silvanei Barbosa dos Santos

A atuação das mulheres na perspectiva agroecológica, a partir da agricultura familiar, é imprescindível para a construção de sistemas agrícolas mais justos, resilientes e sustentáveis. A agricultura familiar agroecológica é um modelo que valoriza a interação equilibrada entre seres humanos, natureza e cultura, e as mulheres desempenham um papel fundamental na implementação desse modelo, contribuindo para o sucesso e o avanço da agroecologia em diversas frentes.

As mulheres participam de forma ativa na produção de alimentos em sistemas agroecológicos. Elas estão envolvidas na plantação, cuidado e colheita das culturas, na criação de animais, na produção de alimentos processados e na gestão de hortas familiares. Seus conhecimentos ancestrais e suas habilidades garantem de que a produção seja eficiente e sustentável, contribuindo significativamente para a segurança alimentar e o bem-estar das comunidades.

A agricultura familiar agroecológica enfatiza a importância da diversidade de cultivos e a integração de animais. As mulheres muitas vezes desempenham um papel chave na seleção de sementes tradicionais e na manutenção da biodiversidade agrícola, garantindo que variedades de plantas e raças de animais locais sejam preservadas.

Figura 1 – Encontro com lideranças dos grupos de mulheres

Fonte: FASE (2021)

As mulheres têm um papel crucial na gestão dos recursos naturais, como a água e o solo. Elas frequentemente desenvolvem práticas de conservação e uso sustentável da terra, contribuindo para a redução da degradação ambiental e a mitigação das mudanças climáticas.

As mulheres têm um profundo conhecimento das práticas agroecológicas transmitidas de geração em geração. Elas frequentemente compartilham esse conhecimento com suas famílias e comunidades, contribuindo para a difusão da agricultura familiar e sustentável.

Muitas vezes, as mulheres estão envolvidas na produção nos quintais produtivos, na venda de produtos agrícolas e no processamento de alimentos. Isso não apenas contribui para a economia doméstica, mas também para a soberania e segurança alimentar e nutricional da família e da comunidade, pois os excedentes de alimentos podem ser trocados, doados ou vendidos localmente. A renda das mulheres na agricultura familiar tem sido facilmente validada a partir da utilização das Cadernetas Agroecológicas.

Figura 2 – Formação sobre Caderneta Agroecológica

Fonte: FASE (2023)

A participação ativa das mulheres na agricultura familiar agroecológica contribui para o seu empoderamento. Elas vêm ocupando espaço nas lideranças de organizações rurais, cooperativas e grupos comunitários, trabalhando para melhorar suas condições de vida e influenciam nas políticas públicas.

O trabalho das mulheres é cruelmente invisibilizado pelas relações de gênero estabelecidas na sociedade. Culturalmente o trabalho das mulheres tem menor valor que o trabalho desempenhado pelos homens. Infelizmente isso também acontece nos trabalhos das mulheres agricultoras familiares, e pesquisas revelam que as mulheres são as principais animadoras no processo da produção agrícola familiar, tendo participação expressiva nas lutas por garantia de direitos. A Organização das Nações Unidas para a Alimentação e a Agricultura (FAO) aponta que

> [...] as mulheres rurais são responsáveis por 45% da produção de alimentos no Brasil e nos países em desenvolvimento. Na maioria dos casos, elas trabalham tanto no campo como em casa, cerca de

12 horas semanais a mais que os homens. Ainda assim, somente 20% delas são proprietárias de terras. (ONU/FAO, 2018, s/p).

Como alternativa para evidenciar a importância dos trabalhos das mulheres, durante a execução do ATER Agroecológico, os educadores da FASE incentivaram as mulheres agricultoras a utilizarem a Caderneta Agroecológica, para se ter uma visão mais completa da produção e renda. O trabalho com as cadernetas leva em consideração, para além do ato de anotar, a formação político-pedagógica das mulheres, como princípio para as empoderar a partir da visibilidade gerada e da tomada de consciência sobre a importância do trabalho delas próprias.

A seguir, experiências de mulheres que vem fazendo a diferença em suas comunidades para o fortalecimento da agricultura familiar agroecológica, na promoção de sistemas agrícolas mais justos, resilientes e sustentáveis.

I. Liderança e Protagonismo da Mulher

Ednalva Santana Lima e Leidiane Lima de Jesus são proprietárias da Fazenda Santo Antônio, comunidade de Riacho do Caboclo, Presidente Tancredo Neves, Bahia.

Figura 3 – Ednalva e Leidiane, apresentando mapa da Unidade Produtiva Familiar

Fonte: FASE (2021)

Mãe e filha desenvolvem uma experiência focada no protagonismo social, político e econômico da mulher enquanto liderança na comunidade de Riacho do Caboclo, com intervenções no fortalecimento do associativismo e cooperativismo comunitário como ferramenta de desenvolvimento da agricultura familiar, possibilitando o acesso a diversas políticas públicas como o Programa Nacional de Fortalecimento da Agricultura |Familiar (PRONAF), Programa de Aquisição de Alimentos (PAA), Programa Nacional de Alimentação Escolar (PNAE), Programa Bahia Produtiva, e Bolsa Família. As ações desenvolvidas pela FASE vêm possibilitando possibilitou a ampliação de investimentos na produção e acesso a mercados institucionais, feiras agroecológicas e mercado local.

A Unidade de Produção Familiar está em processo de transição para a agroecologia, pois apesar da diversidade de cultivos como banana da terra, maçã e pacovan, abacaxi, acerola, feijão, milho, abóbora, melancia, cacau, cravo e hortaliças, ainda depende de insumos externos para a produção, elevando os custos desta. Com a intervenção da ATER executada pela equipe de educadores (as) da FASE, conseguiu-se dar continuidade e ampliar o acesso às políticas públicas, possibilitando a incorporação de técnicas e práticas de conservação e proteção do solo, além da ampliação da diversificação dos produtos com a produção de hortaliças e grãos.

A Unidade de Produção Familiar possui poço artesiano utilizado para o abastecimento de água para consumo humano e para irrigação da área com produção de cultivos alimentares, aumentando a renda e a segurança alimentar e nutricional.

Figura 4 – Agricultora realizando a plantação de arvore nativa na Semana do Meio Ambiente

Fonte: FASE (2022)

A agricultora Ednalva Lima tem uma participação ativa em diversos espaços de concertação de incidência política, é presidente da associação comunitária, diretora sindical, e conselheira dos conselhos municipais de Defesa dos Direitos da Mulheres, Segurança Alimentar e Nutricional, Conselho Municipal de Desenvolvimento Sustentável (CMDS) e de Alimentação Escolar. A agricultura vem desenvolvendo ações importantes de gestão e organização da associação da comunidade, nos anos de 2022 e 2023 a associação a qual a agricultora preside executou duas propostas do Programa de Aquisição de Alimentos, com a comercialização de produtos totalizando R$ 120 mil reais, como um grupo de 19 agricultores beneficiários.

II. Agroecologia em Ação: transformando as práticas da agricultura familiar, Dona Antônia.

Antônia Santos da Conceição, sócia da associação, residente no Sítio Rio de Areia na comunidade do Coito, município de Laje, Bahia, Brasil, possui uma área de 4,2 hectares, e ao iniciar o acompanhamento técnico junto a família notou-se uma diversidade de cultivos como o cacau, laranja, inhame, figo, aipim, banana, urucum, batata doce, andu, feijão, amendoim, milho, hortaliças, plantas medicinais e flores, no entanto a família era totalmente dependente de insumos externos para a produção.

Diante deste cenário, a equipe de ATER da FASE Bahia focou suas ações com intervenções educativas na realização de práticas para a transição agroecológica, com utilização de técnicas de recuperação da fertilidade e estrutura do solo, com técnica de plantio em curva de nível, adubação verde, cobertura morta, controle alternativo de pragas e doenças, produção de biocaldas, produção e utilização de biofertilizantes, água de manipueira, estercos e compostagem.

Figura 5 – Agricultora Antonia Santos em seu roçado

Fonte: FASE (2022)

Durante a execução do ATER Agroecologia, foi possível trabalhar a recuperação de áreas degradadas para a produção de alimentos e leguminosas, ampliação da criação de galinha caipira para produção de carne e ovos. A partir das orientações técnicas realizadas nas visitas, oficinas e dias de campo, Dona Antônia passou a plantar milho e produzir ração alternativa com a utilização das raspas e partes aéreas da mandioca, milho e outros subprodutos da propriedade.

Figura 6 – Agricultora no roçado de aipim

Fonte: FASE (2023)

Como principais resultados da intervenção educativa da ATER na comunidade de unidade de produção, pode-se destacar a transição para a agroecologia e diminuição da dependência de insumos externos, participação e comercialização na comunidade em feiras locais. Após processo de assessoria, a família passou a produzir e consumir alimentos produzidos na unidade familiar, e realizando a comercialização do excedente, gerando ocupação, renda e segurança alimentar e nutricional.

III. Transformação Agroecológica: a evolução da Unidade de Produção Familiar de Eliene Gonçalves, em Duas Barras, Ubaíra, Bahia.

A Unidade de Produção Familiar de Eliene Gonçalves do Nascimento e Lourival dos Santos Nascimento, localizada na comunidade de Duas Barras, no município de Ubaíra, Bahia, Brasil, na

Fazenda Boqueirão, compreende uma área de 2 hectares. A trajetória dessa família na agricultura e seu impacto na comunidade podem ser divididos em duas fases distintas.

Durante o período de 2012 a 2020, a família enfrentou desafios significativos e teve acesso a benefícios sociais do governo, como o vale gás, auxílio maternidade e o Bolsa Família. A produção agrícola estava centrada principalmente na mandioca, mas era caracterizada por uma alta dependência de insumos externos e a falta de práticas sustentáveis de produção. Eles não contavam com assistência técnica especializada em suas atividades.

Essa história ilustra como a assistência técnica, o engajamento em práticas sustentáveis e a diversificação podem transformar uma Unidade de Produção Familiar, fortalecendo-a economicamente e promovendo o desenvolvimento na comunidade. A experiência de Eliene Gonçalves do Nascimento e Lourival dos Santos Nascimento é um exemplo inspirador de como a agricultura pode evoluir para atender às necessidades modernas, preservando ao mesmo tempo os recursos naturais.

A partir de 2020, iniciou-se uma transformação na maneira de conduzir a Unidade de Produção Familiar, graças à implementação da Assistência Técnica e Extensão Rural (ATER) a partir da FASE Bahia, com recursos do contrato 017/2019-FASE/SDR/BAHIATER, permitindo uma mudança significativa na abordagem da família em relação à agricultura.

Durante esse período, a família participou de um processo de formação continuada e recebeu visitas técnicas regulares. Essas intervenções possibilitaram avanços notáveis, incluindo:

1. **Diversificação de Cultivos:** a família ampliou seus cultivos agrícolas, introduzindo culturas como inhame, guandu, milho, amendoim, hortaliças, pimenta do reino e banana. Isso resultou em maior segurança alimentar e diversificação de fontes de renda.

2. **Transição Agroecológica:** a Unidade de Produção Familiar iniciou um processo de transição agroecológica, reduzindo sua dependência de insumos externos. Adotaram

práticas sustentáveis, como a produção de biofertilizantes, compostagem e métodos alternativos de controle de pragas e doenças.

3. **Criação Animal:** a família também expandiu suas operações de criação animal, incluindo bovinos, suínos e aves. Isso fortaleceu ainda mais a base de produção, gerando renda adicional e contribuindo para sua segurança alimentar.

4. **Participação Social:** além das melhorias na produção, os membros da família se envolveram na diretoria da associação local, demonstrando um compromisso mais amplo com a comunidade e a agricultura sustentável.

5. **Comercialização:** a família também aderiu a circuitos curtos de comercialização na feira municipal, permitindo que seus produtos chegassem diretamente aos consumidores locais.

IV. Mulher e Agricultura: transformando desafios em diversidade e sustentabilidade

Joanice dos Santos Silva, residente na comunidade de Comum do Machado, em São Miguel das Matas, Bahia. Com 6,7 hectares, Joanice enfrentou desafios comuns à agricultura familiar na região, especialmente no que diz respeito ao acesso à terra. No entanto, sua dedicação e a intervenção da Assistência Técnica e Extensão Rural (ATER) resultaram em uma notável transformação em sua Unidade de Produção Familiar, na sua capacidade de produzir diversificadamente em sua propriedade, destacando-se a resiliência e a importância da agricultura familiar para o território do vale do Jiquiriçá.

Os 6,7 hectares são subdivididos em um roçado, onde cultiva uma variedade de culturas perenes, incluindo cacau, banana, abacate, jaca, limão, goiaba, laranja, acerola e lima, e um quintal com o cultivo de plantas anuais, como aipim, mandioca, inhame, batata doce, maracujá, hortaliças diversas, milho, amendoim e feijões.

Figura 7 – Joanice no canteiro de arroz (recuperação de sementes crioulas)

Fonte: FASE (2023)

A intervenção da ATER na vida de Joanice resultou na ampliação da diversidade de alimentos produzidos, não apenas para consumo próprio, mas também para venda e doação na comunidade. Esse impacto proporcionou soberania e segurança alimentar, além de gerar renda monetária e não monetária por meio do autoconsumo. A família tornou-se também guardiã de sementes, ampliando a diversidade do banco de sementes na Unidade de Produção Familiar.

Figura 8 – Armazenamento e conservação de sementes crioulas em garrafas pet

Fonte: FASE (2023)

Os resultados incluem a participação ativa nas atividades comunitária e religiosa, diversificação produtiva, segurança alimentar e nutricional, produção e preservação de sementes crioulas, produção e utilização de biocaldas para controle alternativo de pragas e doenças, produção de biofertilizantes e compostagem, práticas de proteção e conservação do solo, comercialização direta na feiras municipais, aproveitamento de subproduto do cacau para produção de mel e licor, e o processamento de frutas da propriedade para a produção de polpa de frutas consumidas pela família.

Joanice dos Santos Silva personifica a resiliência e a transformação positiva possível na agricultura familiar. Sua experiência destaca não apenas os desafios enfrentados, mas também a grande importância da ATER agroecológica na promoção da diversidade, sustentabilidade e autonomia nas comunidades rurais.

V. História Resiliente: a jornada agroecológica de Jucinalva Pena de Oliveira Silva

Jucinalva Pena de Oliveira Silva, localizada no Sítio Boa Esperança, na comunidade de Traíras, município de Mutuípe, Bahia. Em seu 1 hectare de terra essa dedicada não apenas à molda uma narrativa de resiliência, inovação e conexão com a terra, mas também enfrenta o desafio do minifúndio para promover a agroecologia e a segurança alimentar na comunidade.

A agricultora Jucinalva, junto de sua família, destaca-se pelo cultivo de culturas permanentes do cacau, banana, laranja fruta pão e jenipapo, e culturas temporárias como milho, feijão e hortaliças, integradas a criação de aves e peixes. A produção de feijão desempenha um papel vital na promoção da soberania alimentar dessa família. No início das ações de ATER, identificou-se uma forte dependência externa de insumos, especialmente fertilizantes químicos.

A equipe técnica da FASE Bahia, munida de informações essenciais sobre práticas de cultivo, tipo e condições do solo, participação social e acesso a políticas públicas, planejou intervenções educativas focadas na transição para técnicas de produção agroecológica.

Ao longo de três anos, essas ações reduziram significativamente a dependência de insumos externos, promovendo a produção de insumos orgânicos, diversificação de cultivos e acesso a políticas públicas de crédito, como o Programa Nacional de Fortalecimento da Agricultura Familiar (PRONAF), e aguarda para participar da política de comercialização por meio do Programa de Aquisição de Alimentos (PAA).

Além de suas atividades agrícolas, Jucinalva assume um papel de liderança na comunidade, sendo presidente da associação local e uma das líderes da igreja católica. Além disso, ela participa do grupo de mulheres da comunidade, dedica seu tempo também para buscar benefícios não apenas para sua família, mas também para a comunidade como um todo. Seu esposo, por sua vez, a incentiva a ser uma mulher empoderada, reforçando o compromisso desta notável dupla com a construção de uma comunidade mais sustentável e resiliente.

Figura 9 – Apresentação do mapa da unidade produtiva

Fonte: FASE (2021)

VI. Protagonismo Feminino na Agricultura Familiar Agroecológica: Luciene de Jesus Cirqueira Mendes

Luciene de Jesus Cirqueira Mendes, residente na comunidade de Areia Fina, município de São Miguel das Matas, Bahia, é digna de destaque como uma agricultora revelação durante a intervenção da Assistência Técnica e Extensão Rural (ATER) nos três anos de contrato entre a FASE Bahia e a SDR/BAHIATER. Com uma área de 1,6 hectares, Luciene emergiu como uma líder ativa nos quesitos protagonismo feminino na agricultura familiar, participação social intensa em locais de discussão e proposição de políticas públicas, além de se tornar presidente da associação comunitária de Areia Fina e secretária do Conselho de Desenvolvimento Municipal Sustentável.

Figura 10 – Sementes crioulas para criação de banco de sementes

Fonte: FASE (2023)

Durante esse período, Luciene implementou uma área de produção de grãos e conservação de sementes crioulas, consolidando-se como guardiã das sementes no município. Sua atuação foi marcada pela experimentação na diversificação de cultivos, promovendo a segurança alimentar e nutricional por meio do consumo de alimentos saudáveis. Além disso, ela obtevê acesso a políticas públicas de crédito, como o Programa Nacional de Fortalecimento da Agricultura Familiar (PRONAF), e participou de mercados institucionais como o Programa Nacional de Alimentação Escolar (PNAE) e Programa de Aquisição de Alimentos (PAA/CONAB), aguardando recursos do governo federal. A agricultora também comercializa em feiras comunitárias e municipais.

A unidade de produção de Luciene abrange uma ampla variedade de cultivos destinados tanto ao consumo familiar quanto à comercialização. Entre eles estão cacau, banana, laranja, limão, acerola, coco, mamão, açaí, goiaba, maracujá, abóbora, mel de cacau, milho, plantas medicinais graviola, mandioca, grãos e hortaliças. Além disso, ela adotou práticas agroecológicas, como a produção de biocaldas para controle alternativo de pragas e doenças, biofertilizantes e compostagem para utilização como adubo nos cultivos. A criação e ampliação de galinhas caipiras também foram incentivadas, contribuindo para a geração de renda da família.

Figura 11 – A alegria de Luciene em vê seu quintal dando frutos

Fonte: FASE (2023)

Apesar desses avanços, a infraestrutura e os equipamentos na Unidade de Produção Familiar ainda são insuficientes e a captação de recursos hídricos enfrenta desafios em períodos prolongados de escassez de chuvas. A história de Luciene reflete não apenas os êxitos alcançados, mas também ressalta a necessidade contínua de apoio e investimentos para fortalecer as mulheres na agricultura familiar agroecológica.

VII. Agricultura Agroecológica e Empoderamento Feminino: o caso de Mariana Santos Bispo

Mariana Santos Bispo, residente na comunidade do Quilombo, Laje, Bahia, mulher quilombola, agricultora, exemplifica a transformação positiva que a Assistência Técnica e Extensão Rural (ATER) agroecológica pode trazer a pequenas propriedades. Com uma área modesta de 1,6 hectares, Mariana busca maximizar o uso de sua terra, adotando práticas agroecológicas e integrando lavoura e pecuária. Seu objetivo principal é reduzir a dependência de insumos externos e os custos de produção na unidade familiar.

No quintal produtivo de Mariana, uma variedade impressionante de frutíferas e hortaliças prospera, desde cacau, abacate e banana até coentro, alface e cenoura. Além disso, o roçado de mandioca contribui para a produção de farinha, e a criação de aves, caprinos e ovinos complementa a oferta de leite, carne e ovos.

Apesar da dependência anterior de insumos externos na criação de animais, Mariana adotou práticas sustentáveis. O esterco das aves, cabras e ovelhas, aliado à compostagem e ao biofertilizante, alimenta a produção de hortaliças, fechando um ciclo virtuoso de sustentabilidade na propriedade.

Ao longo de três anos, a intervenção educativa da equipe de educadores da FASE Bahia, por meio do ATER agroecologia, trouxe visibilidade à participação ativa de Mariana na condução dos trabalhos e na geração de renda. A Caderneta Agroecológica, uma ferramenta essencial, destacou-se como uma aliada valiosa. A partir dessa caderneta, Mariana registra diariamente suas despesas e receitas, proporcionando uma compreensão clara do papel central da mulher na organização, produção e geração de renda na unidade familiar.

A experiência com a Caderneta Agroecológica revelou não apenas a diversidade de cultivos, mas também a prática constante de doações. A garantia da soberania alimentar e nutricional, por meio do consumo interno dos produtos, e a venda do excedente na comunidade e municípios vizinhos destacam o impacto positivo da abordagem agroecológica não apenas para a família de Mariana, mas para a comunidade em geral.

O caso de Mariana Santos Bispo é um testemunho inspirador da eficácia da agricultura agroecológica e do empoderamento feminino nas pequenas propriedades. Sua jornada, marcada pela diversificação produtiva, sustentabilidade integrada e uso eficiente da Caderneta Agroecológica destaca-se como um modelo a ser seguido para promover a autossuficiência, a segurança alimentar e a prosperidade nas comunidades rurais.

VIII. Sistematização da vivencia de Maria Paixão Santos dos Reis, Sítio Beira Rio, comunidade de Umbaúba, em Presidente Tancredo Neves, Bahia

A agricultora Maria destacam-se na produção diversificada de hortaliças agroecológicas que são vendidas semanalmente na comunidade, nas feiras municipais e nos programas institucionais, Programa de Aquisição de Alimentos (PAA) gerido pela equipe da Secretaria Municipal de assistência Social e no Programa Nacional de Alimentação Escolar (PNAE), por meio da Associação dos Pequenos Produtores e Trabalhadores Rurais da Comunidade de Umbaúba (APROTRUM), presidida pela jovem Maria Paixão Santos dos Reis, atuante na busca incessante de programas e projetos para o desenvolvimento comunitário, com apoio da equipe de educadores (as) técnicos (as), com recursos da Superintendência Baiana de Assistência Técnica e Extensão Rural (BAHIATER).

Figura 12 – Maria e seu esposo na produção do composto orgânico

Fonte: FASE (2022)

A produção de hortaliças na Unidade de Produção Familiar é desenvolvida por toda a família, com recursos próprios e apoio da ATER. O acesso a política de ATER possibilitou à família realizar novas práticas de produção sustentável, fazendo a integração de lavoura e pecuária com a criação de aves, utilizando o esterco para adubação da horta e os restos de hortaliças na alimentação das aves, a agricultora passou a produzir compostos orgânicos, utilização de práticas de cobertura verde e cobertura morta, rotação de cultivos, diversificação da produção, captação e utilização da água da chuva na irrigação, produção e utilização de biocaldas no controle de alternativo de pragas e doenças, reduzindo custos e a dependência de insumos externos.

Figura 13 – Cobertura morta nos canteiros da horta

Fonte: FASE (2022)

A família foi beneficiada com o programa de distribuição de mudas frutíferas e o programa de comercialização da produção, além das outras políticas públicas já citadas anteriormente. Possui uma relativa infraestrutura com motocicleta e veículo utilitário, maquinas e equipamentos de pequeno porte que favorece o agroecossistema.

IX. Protagonismo da Mulher e Práticas Agroecológicas de Produção: Renilda Santana, comunidade de Aviação, município de Presidente Tancredo Neves, Bahia

Renilda Santana é mãe de Railan (que possui dificuldade de locomoção devido à paralisia cerebral especial) e de Melissa, residente na comunidade de Aviação, no município de Presidente Tancredo Neves, território do Baixo Sul, onde exerce a presidência da Associação dos Produtores Rurais da Comunidade do Campo da Aviação (APRC), ela sempre agradece pelo trabalho educativo de Assistência Técnica realizado pela FASE na sua propriedade e na comunidade, por meio de recursos garantidos pela Secretaria de Desenvolvimento Rural (SDR) e pela Superintendência Baiana de Assistência Técnica e Extensão Rural (BAHIATER), que permitiu a construção de conhecimentos sobre produção sustentável e a utilização de práticas agroecológicas, especialmente na produção de alimentos saudáveis em função da implantação do Quintal Produtivo em sua Unidade de Produção Familiar, a partir do Projeto Bahia Produtiva da Secretaria de Desenvolvimento Rural (SDR) e Companhia de Desenvolvimento e Ação Regional (CAR), com Assistência Técnica e Extensão Rural realizada pela FASE Bahia, por meio do ATER Agroecologia, SDR/BAHAITER, em que os alimentos produzidos de forma agroecologia são utilizados no autoconsumo e também para comercialização na comunidade, na feira agroecológica que é realizada mensalmente na sede do município, assim como no Programa Nacional de Alimentação Escolar (PNAE).

Figura 14 – Oficina para implantação de quintal produtivo coletivo

Fonte: FASE (2023)

Com a execução das ações do ATER Agroecologia na comunidade, Renilda se destacou como liderança da associação e motivou outras mulheres a participarem, com seu protagonismo, coragem, força de vontade e determinação na busca por melhores condições de vida para sua família e toda comunidade. Além da produção e comercialização dos alimentos in natura, ela se dedica ao beneficiamento dos produtos para atendimento dos contratos do PNAE e busca organizar o dia a dia para superar os desafios que são inerentes ao papel de presidenta associação.

Além do Acesso a políticas Públicas do PNAE, Programa Bahia Produtiva, ATER, comercialização, Programa Nacional de Fortalecimento da Agricultura Familiar (PRONAF), a agricultora foi beneficiária do programa de distribuição de mudas frutíferas e essências florestais do Instituto Biofábrica do governo do estado.

Aplicou conhecimentos sobre tecnologias sociais na implantação do quintal produtivo, com sistema de irrigação, cisterna de consumo e produção, que abastece sua propriedade, sistema de abastecimento de agua para consumo pela Embasa, que abastece a comunidade, produção de hortaliças diversas, biofertilizantes, compostos orgânicos, cobertura morta, rotação de cultura, produção e utilização de caldas naturais para o controle de pragas e doenças, melhoramento genético do cacaueiro por meio de enxertia, introduzindo plantas melhoradas.

A Unidade de Produção Familiar dispõe de maquinas, equipamentos e transporte que facilitam os tratos culturais no quintal produtivo, o beneficiamento do cacau e a logística de escoamento da produção.

X. Acesso a Políticas Públicas e Transição para a Agroecologia: experiência de Valdelice Maria de Jesus

Valdelice Maria, residente no Sítio Alto Alegre, comunidade Riacho do Caboclo, município de Presidente Tancredo Neves, Bahia, Brasil.

A Unidade de Produção Familiar de Dona Valdelice, apesar de ser um minifúndio, possui uma diversidade com mais de 15 cultivos diferentes que são produzidos para consumo familiar, venda no comercio local, feira agroecológica que é realizada mensalmente na sede do município e venda no Programa de Aquisição de Alimentos (PAA) e no Programa Nacional de Alimentação Escolar (PNAE). A família acessa outras políticas públicas como Assistência Técnica e Extensão Rural (ATE, Aposentadoria Rural, Programa Nacional de Fortalecimento da Agricultura Familiar (PRONAF), e o Programa Bahia Produtiva do governo do estado, sendo também contemplada com a implantação de um quintal produtivo, que além de contribuir na diversificação da produção e segurança alimentar e nutricional, permitiu que a família colocasse em pratica um exitoso trabalho de controle e anotação da produção utilizando a Caderneta Agroecológica, orientada pela equipe técnica da FASE, possibilitando que a família fizesse um efetivo controle da produção tanto para o consumo e comercialização como para as doações na comunidade. A agricultora faz parte da Associação dos Pequenos Agricultores da Região do Riacho do Caboclo (ASPARC), e seu esposo, Dalício da Silva Guedes, desenvolve o papel de diretor financeiro da associação.

A agricultora é protagonista no acesso à tecnologias sociais com um destacado trabalho de produção e multiplicação de sementes crioulas de milho e arroz de sequeiro, a família possui cisterna para produção e consumo familiar, produziram e utilizaram caldas para controle natural de pragas e doenças, continuam produzindo e utilizando composto orgânico com resíduos da produção agrícola e dejetos da criação de suínos e aves na propriedade.

Figura 15 – Agricultora Valdelice feliz com frutos de sua propriedade

Fonte: FASE (2023)

CAPÍTULO V

POLÍTICAS PÚBLICAS PARA A AGRICULTURA FAMILIAR: SEMEANDO DESENVOLVIMENTO A PARTIR DA AGROECOLOGIA

Rosélia Batista de Melo
José Henrique Ramos Santos
Fernando Ferreira Oiticica
Veronice Santos de Souza
Elenilda dos Santos Porcino Leite
Silvanei Barbosa dos Santos
Aline Santos de Sousa

A agricultura familiar, como alicerce da segurança alimentar e do desenvolvimento socioeconômico, requer abordagens específicas para enfrentar os desafios que os(as) agricultores(as) familiares enfrentam para terem acesso à políticas públicas que atendam suas necessidades na produção, beneficiamento e comercialização. Buscando fortalecer o processo de assessoria técnica, o acesso às políticas públicas desempenham um papel crucial junto aos processos produtivos.

> Os agricultores familiares não se diferenciam apenas em relação à disponibilidade de recursos e à capacidade de geração de renda e riqueza. Também se diferenciam em relação às potencialidades e restrições associadas tanto à disponibilidade de recursos e de capacitação/aprendizado adquirido, como à inserção ambiental e socioeconômica que podem variar radicalmente entre grupos de produtores em função de um conjunto de variáveis, desde a

> localização até as características particulares do meio-ambiente no qual estão inseridos (BUAINAIN, 2006, p. 15).

Acesso a recursos e tecnologias que atendem a necessidade da agricultura familiar é indispensável para favorecer o fortalecimento das comunidades rurais. Políticas que facilitam o acesso a crédito, sementes de qualidade e tecnologias agrícolas inovadoras são cruciais para melhorar a produtividade e reduzir a pobreza nas áreas rurais (World Bank, 2019).

Ao implementar políticas públicas voltadas para a agricultura familiar, os governantes não apenas fomentam a produção de alimentos, mas também promovem o desenvolvimento socioeconômico e a preservação ambiental. O investimento na educação e capacitação dos agricultores familiares é vital para o desenvolvimento humano e a sustentabilidade a longo prazo.

Políticas que oferecem treinamentos, cursos e assistência técnica não apenas fortalecem as habilidades dos agricultores, mas capacitam as novas gerações a gerir suas propriedades de maneira mais eficiente e sustentável (FAO, 2021).

A construção social de mercados na agricultura familiar é uma jornada desafiadora, repleta de complexidades e obstáculos que requer soluções criativas e sustentáveis. A diversidade na produção de alimentos e a geração de emprego e renda são dois elementos fundamentais dessa equação, que podem ser alcançados por meio de estratégias eficazes.

A agricultura familiar, por sua natureza, é um ambiente rico em diversidade. Os agricultores familiares cultivam uma variedade de culturas e adotam práticas agrícolas adaptadas às condições locais e à tradição. Esta diversidade não só enriquece a oferta de alimentos, mas desempenha um papel vital na conservação da biodiversidade e na construção da resiliência agrícola. Promover essa diversidade requer o apoio a práticas agroecológicas, que se baseiam na sustentabilidade e na conservação ambiental. A partir dessas práticas, os agricultores podem ampliar sua gama de produtos, promover a soberania e segurança alimentar e nutricional, e ao mesmo tempo criar oportunidades de geração de renda.

No entanto, a comercialização de produtos da agricultura familiar é frequentemente prejudicada por distâncias geográficas, logísticas complexas e infraestrutura limitada. Isso se torna um desafio especialmente relevante para comunidades agrícolas localizadas longe dos centros urbanos e dos principais mercados. Para superar essas barreiras, é imprescindível investir em infraestrutura de transporte e logística eficaz, bem como adotar tecnologias inovadoras. A criação de redes de comercialização e a promoção de feiras agroecológicas locais desempenham um papel fundamental na redução da distância entre produtores e consumidores, facilitando a venda de produtos da agricultura familiar. Além disso, uma das principais formas de incentivar a agricultura familiar é por meio de políticas, entre as quais se destacam o Programa de Aquisição de Alimentos (PAA) e o Programa Nacional de Alimentação Escolar (PNAE).

Figura 1 – Entrega do PAA, comunidade Riacho do Caboclo – Montagem das cestas de produtos da agricultura

Fonte: FASE (2023)

A formação e o acesso à informação também são fatores cruciais para superar as distâncias na comercialização. Iniciativas como o ATER agroecologia, como exemplificado pelo processo socioeducativo da FASE, desempenham um papel vital nesse aspecto. Ao fornecer aos agricultores familiares o conhecimento e as habilidades necessárias para navegar nos desafios do mercado, bem como o acesso a feiras agroecológicas e políticas públicas de comercialização, essas iniciativas capacitam as comunidades rurais a superar os obstáculos e a alcançar um maior sucesso na geração de renda.

I. Transformação Agroecológica e Desafios na Agricultura Familiar

A Unidade de Produção Familiar (UPF) de Antônio Esmeraldo dos Santos e Eliane Cruz Costa, localizada na comunidade de Corte Peixoto e Bom Jesus, município de Jiquiriçá, Bahia, abrange uma área de 4,3 hectares. Inicialmente, possuía uma diversidade de cultivos voltados para o mercado consumidor e utilização da maioria dos insumos de produção advindos de fora da propriedade. Com a execução do contrato de Assistência Técnica e Extensão Rural (ATER) agroecológica promovida pela equipe técnica da FASE Bahia, as práticas de produção sustentável se intensificaram na Unidade de Produção Familiar, passando um significativo processo de transformação.

Figura 2 – Antônio beneficiando sua produção de cacau

Fonte: FASE (2023)

Antes da intervenção, a produção estava centrada em cultivos diversos, dependendo majoritariamente de insumos externos. No entanto, a participação ativa na ATER educativa possibilitou uma mudança de paradigma, focalizando a diversificação da produção para atender às necessidades alimentar da família e viabilizar a comercialização do excedente. Cultivos como cacau, banana da prata, limão, abacate, acerola, coco, jabuticaba, cupuaçu, açaí, laranja, goiaba, caqui, manga, cajá, milho, feijão, hortaliças e a criação de galinhas, para carne e ovos, e de peixes passaram a coexistir em um agroecossistema integrado. Além de preservar área de nascente com vegetação nativa.

Apesar dos avanços, a UPF ainda enfrenta desafios significativos, especialmente em relação à infraestrutura e equipamentos necessários para o beneficiamento da produção. O acesso a políticas públicas de crédito tem sido uma barreira para o pleno desenvolvimento da unidade. O casal destaca a importância de políticas governamentais que fortaleçam a agricultura familiar, proporcionando meios para a consolidação e organização da produção.

Figura 3 – Mapa da propriedade

Fonte: FASE (2022)

Durante o processo de transformação, a família abandonou gradativamente o modelo convencional de produção, reduzindo consideravelmente a dependência de insumos externos, adotando práticas agroecológicas, como a recuperação e proteção do solo, o controle alternativo de pragas e doenças, e a produção de biocaldas, biofertilizantes e composto orgânico foram realizadas com sucesso.

O acesso restrito a políticas públicas é evidenciado principalmente na comercialização, em que a participação se limita ao Programa Nacional de Alimentação Escolar (PNAE), à cooperativa regional e a feiras municipais em Laje e Jiquiriçá.

Em síntese, a experiência de Antônio Esmeraldo e Eliane destaca não apenas os desafios enfrentados, mas também os ganhos obtidos por meio da adoção de práticas agroecológicas. A necessidade de políticas públicas mais abrangentes, especialmente no acesso ao crédito, emerge como um ponto crucial para a consolidação sustentável da agricultura familiar na região.

II. Acesso a Políticas Públicas e a Transformação Agroecológica de Edne Galvão da Conceição e José Souza Pereira em Riacho Novo, Jiquiriçá, Bahia

O casal de agricultores, residentes na comunidade de Riacho Novo, município de Jiquiriçá, Bahia, Brasil, gerencia sua unidade produtiva de 1,8 hectares. Selecionados como participantes iniciais da intervenção educativa da FASE na comunidade em 2020, no âmbito do ATER Agroecologia financiado pela SDR/BAHIATER, Edne e José foram submetidos a uma caracterização detalhada dos meios e práticas de produção e gestão da Unidade de Produção familiar. A equipe de educadores e técnicos da FASE Bahia, após aplicar e analisar o diagnóstico inicial da propriedade, identificou um processo de transição para a agricultura agroecológica.

Figura 4 – Foto casal Edne e José

Fonte: FASE (2021)

Embora a família contasse com uma boa infraestrutura e logística, ainda adotava práticas da agricultura convencional e dependia de insumos externos para a produção. Com o início do ATER entre 2020 e 2023, a família teve acesso a diversas políticas públicas para a agricultura familiar, notadamente por meio do edital 015 SDR/CAR. Este financiamento permitiu a implementação de um galinheiro e aquisição de aves, marcando o início de uma fase de diversificação da produção. Cultivos de grãos foram introduzidos para alimentação da família e dos pequenos criatórios, enquanto iniciativas como a produção de hortaliças, compostagem, biofertilizantes, bioinseticidas e o uso da manipueira para adubação das lavouras transformaram a dinâmica da produção agrícola.

Figura 5 – Edne fornecendo alimentação alternativa para a criação de galinha caipira

Fonte: FASE (2021)

A família também adotou práticas sustentáveis, como a coleta de amostras de solo para análise em laboratório, implementação de medidas de proteção e conservação do solo, e participação no PRONAF por duas vezes para custeio e investimentos nas lavouras, incluindo o PRONAF Mulher.

A Unidade de Produção Familiar se destaca por sua estrutura bem equipada, incluindo uma moto 160 cilindradas, um veículo utilitário, uma roçadeira, uma despolpadora para produção de polpas de frutas diversas e um galinheiro para criação de galinhas caipiras em sistema semi-intensivo.

No roçado, cultivam uma variedade de alimentos para autoconsumo, venda e doação, incluindo feijão de arranque, feijão guandu, feijão fava, milho espiga, amendoim, aipim, inhame, batata-doce, mandioca com sementes e manivas próprias. No quintal produtivo, diversificam ainda mais com cultivos de cacau, banana, abacate, graviola, laranja, lima, cajá, açaí, acerola, jaca, limão, fruta do conde, cana, mamão, cupuaçu, manga, seriguela, goiaba e maracujá. A horta completa a variedade, oferecendo folhosas, tubérculos, legumes e plantas medicinais.

Para agregar valor à produção, a família conta com uma mini fábrica de polpas de frutas, onde processam cacau, graviola, maracujá, manga, cupuaçu, goiaba, cajá, tamarindo e açaí. Os produtos resultantes são comercializados na comunidade, na sede do município, em municípios circunvizinhos e até mesmo em Salvador.

O gráfico a seguir, representado na Figura 6, identifica a avaliação qualitativa em diferentes dimensões alcançados pela família com relação a orientação técnica, destacando-se aspectos relacionados a produção sustentável, segurança alimentar e nutricional, acesso a políticas públicas e participação social.

Figura 6 – Avaliação qualitativa

Fonte: planilha de monitoramento de resultados (arquivos da FASE, 2023)

III. Transformação Agroecológica: a jornada de Maria e Crispim rumo à sustentabilidade e soberania alimentar

Maria das Graças José dos Santos e Crispim de Souza Silva, agricultores familiares, proprietários do Sítio Perema, situado na comunidade Riacho do Meio, município de Ubaíra, Bahia, Brasil.

Figura 7 – Família o apresentando o mapa da propriedade e Caderneta Agroecológica

Fonte: FASE (2021)

O casal de agricultores familiares Maria e Crispim possui uma unidade produtiva com 7 hectares, e foram selecionados como agricultores a serem caracterizados no início da intervenção educativa da FASE na comunidade do Riacho do Meio. A partir do início das atividades do ATER Agroecologia, e da aplicação do diagnóstico da Unidade de Produção Familiar (UPF), observou-se que a família utilizava em sua propriedade práticas da agricultura convencional, sem a utilização de práticas de conservação e recuperação do solo, realizava plantio em áreas declivosas sem a utilização de curva de nível, com alta dependência de insumos externos, utilização de fertilizantes, herbicidas e inseticidas químicos, a única alternativa de escoamento da produção era o atravessador.

A intervenção educativa da FASE se deu a partir da análise do diagnóstico, que forneceu elementos para a elaboração de um plano de trabalho com possíveis alternativas rumo à efetivação de um modelo de produção sustentável e agroecológica. A partir de um processo de formação teórico, prático e continuado, com a realização de visitas de assessoria técnica, oficinas e dias de campo foi possível trabalhar e experimentar técnicas de manejo e conservação do solo, coleta de amostra de solo para verificar o nível de fertilidade, e proceder a orientação de uma adubação adequada, controle alternativo de pragas e doenças com a produção de biocaldas, produção de compostagem e biofertilizantes, foi também possível evidenciar resultados significativos no processo de produção e promover ações que favorecem a soberania e segurança e alimentar e nutricional, com a diversificação dos cultivos, produção de grãos e hortaliças para a subsistência e comercialização do excedente. Conforme apresentado na linha do tempo a seguir.

De 2008 a 2020: a família de agricultores iniciou a criação de bovinos; acessou o Bolsa Família e PRONAF; adquiriu área de terra de herança; implantou um Sistema Agroflorestal (SAF); comprou uma área de terra e implantou pastagem para criação de bovinos; Maria das Graças fez o ENCCEJA; adquiriu um veículo; elaborou o CEFIR; acessou o PRONAF; acessou o Garantia Safra; iniciou a participação no Projeto de ATER Agroecologia.

De 2021 a 2023: acessou o PAA e o PRONAF; implantou o roçado de mandioca; iniciou a produção e utilização de biocaldas e biofertilizantes; passou a realizar plantios diversificados na Unidade de Produção Familiar; começou a participar da Feira da Agricultura Familiar; iniciou a produção de hortaliças; implantou viveiro de mudas e passou a utilizar a Caderneta Agroecológica como instrumento de gestão da UPF.

Destaca-se também a utilização da Caderneta Agroecológica como um instrumento de gestão, evidenciando a importância do monitoramento e registro na promoção de práticas sustentáveis.

Assim, a trajetória de Silvério e Marinalva é um exemplo inspirador de como a educação, a assistência técnica e a adoção de práticas agroecológicas podem transformar uma unidade produtiva, promovendo a segurança alimentar, diversificando a produção e contribuindo para a soberania alimentar da comunidade. Este percurso não apenas beneficiou a família em termos econômicos, mas fortaleceu a resiliência ambiental da propriedade, contribuindo para a construção de um modelo agrícola mais sustentável e justo.

IV. Caracterização da Unidade de Produção Familiar: Maria de Oliveira Santos e Adriano de Jesus, Sítio Beira Rio, comunidade de Curuja I, Presidente Tancredo Neves, Bahia

A Unidade de Produção Familiar localizada na comunidade de Curuja I é uma das mais distantes, com relevo declivoso, acesso precário e a 23 km da sede do município de Presidente Tancredo Neves. Os agricultores sobreviviam basicamente das culturas perenes predominante, como o cacau, cravo, guaraná e banana da prata, com algumas frutíferas que eram utilizadas para o consumo familiar, sem importância comercial.

Dona Maria faz parte da Associação dos Produtores Rurais da Comunidade de Curuja I (ASPROC), que foi contemplada com o Edital 015 do Projeto Bahia Produtiva da Companhia de Desenvolvimento e Ação Regional (CAR), elaborado pela equipe de assistência técnica da FASE, Dona Maria teve a oportunidade de implantar o Programa Agroecológico Integrado e Sustentável (PAIS) na sua propriedade, passando a diversificar sua produção com a introdução de hortaliças e criação de aves.

Com orientação da ATER na implantação do PAIS, o grupo produtivo passou a introduzir algumas práticas sustentáveis na produção de alimentos, utilizando os resíduos orgânicos da própria propriedade que muitas vezes não eram aproveitados para a produção de compostos orgânicos, produção e utilização da caldas naturais para controle de pragas e doenças na unidade familiar, rotação de cultivos e implantação de um sistema de irrigação por microaspersão, permitindo o uso adequado da água por gravidade a partir de uma nascente preservada na unidade de produção.

Com a implantação do PAIS e execução dos trabalhos realizados pelo grupo, a família ampliou a diversificação dos produtos para consumo e comercialização no Programa Nacional de Alimentação Escolar (PNAE), e além da produção de hortaliças, passaram a produzir galinhas de postura e comercializar parte dos ovos na comunidade e no PNAE.

A unidade familiar foi contemplada com mudas frutíferas vinda do Instituto Biofábrica do governo do estado, além das outras políticas públicas já citadas.

V. Uso de Tecnologias Sociais e Acesso a Políticas Públicas

Francisco Santana de Jesus e Josefa de Jesus Santos, residentes na Fazenda São Jorge, comunidade de Coruja I, Presidente Tancredo Neves, Bahia.

Figura 8 – Assessoria técnica, na elaboração da linha do tempo e mapa da propriedade

Fonte: FASE (2022)

A Unidade de Produção Familiar (UPF) da família possui 25 hectare, com uma diversidade de cultivos integrados com a criação animal, porém apesar da introdução de novas técnicas de recuperação e conservação do solo, de produção agroecológica, ainda podem ser considerados como agricultores (as) familiares em processo de transição para a agroecologia, por ainda dependerem de insumos externos para a produção (fertilizantes químicos, calcário e ração para a criação animal).

Figura 9 – Dona Josefá na criação de galinhas

Fonte: FASE (2023)

A Propriedade possui abundância de água para consumo humano a partir de nascente e represa perene para a criação de peixes e irrigação das hortaliças, a família vem implantando diversas tecnologias sociais de produção e beneficiamento, como secador solar e o sistema Produção Agroecológica Integrada e Sustentável (PAIS), de produção de hortaliças e aves, possibilitando maior desempenho na produção, beneficiamento e criação animal, gerando assim maior valor agregado e renda.

Figura 10 – Sistema PAIS da Unidade Produtiva Familiar

Fonte: FASE (2023)

A UPF possui uma produção diversificada de produtos in natura e processados que favorece a promoção da soberania e segurança alimentar e nutricional e o acesso a políticas públicas de comercialização. Na propriedade, é possível encontrar produção de cacau, pimenta do reino, banana da terra, abacate, laranja, limão, graviola, banana maçã, pacovan e prata, mandioca, aipim, goiaba, coco, seriguela, maracujá, milho, melancia, abóbora, couve, alface, cebolinha, coentro, pepino, jiló, quiabo, manjericão, e plantas medicinais. Além de realizarem a criação de peixe de água doce e galinha caipira para produção de carne e ovos, também realizam o processamento de polpa de frutas, corante e tempero.

Os pontos fortes dessa experiência a partir da intervenção da ATER Agroecológica foi a capacidade da família em acessar políticas públicas para investimentos na produção e acesso a mercados (PRO-NAF, PAA e PNAE), a incorporação de novas práticas de produção agroecológica, possibilitando a diversificação da produção com a integração da lavoura e pecuária, o aumento da renda e segurança alimentar e nutricional para a família.

VI. A história de Fredson e Maciela na Agricultura Agroecológica em Funil, Laje, Bahia

O casal de agricultores são verdadeiros adeptos da agricultura agroecológica. Em sua pequena propriedade familiar de 2 hectares, enfrentando a realidade de minifúndios na região, eles cultivam uma ampla variedade de produtos. Além de mandioca, banana da terra, pimenta malagueta, cacau, urucum, maracujá, graviola, laranja, coco, abóbora, jenipapo, milho e hortaliças, também se dedicam à criação de aves, suínos e bovinos. Essa produção diversificada não apenas abastece a família, mas gera excedentes para comercialização. Além disso, para potencializar a fertilidade do solo, fazem uso do esterco proveniente dos animais.

Embora tenham avançado na produção agrícola, a criação animal ainda depende de insumos externos, como farelo de trigo, ração, sal mineral, medicamentos e vacinas. Com o suporte técnico do programa ATER Agroecologia, a família tem expandido a diversidade de cultivos e adotado práticas sustentáveis. Isso inclui a análise e correção do solo, resultando em maior produtividade das árvores frutíferas. Além disso, têm acessado políticas públicas, como o PRONAF, PAA, Bolsa Família e PNAE, que contribuem para o desenvolvimento e a comercialização de sua produção.

A propriedade está inserida no bioma Mata Atlântica, uma região rica em biodiversidade crucial para o equilíbrio ambiental, mas que também demanda políticas eficazes para o manejo da água. Os desafios hídricos na Mata Atlântica são crescentes, e o acesso a políticas públicas para captação de água é fundamental para promover a agroecologia. Além disso, após um diagnóstico comunitário realizado pela ATER, identificou-se um baixo nível de escolaridade entre os agricultores locais. Em parceria com o poder público municipal, sindicato dos agricultores e instituições educacionais, como a FASE, a comunidade implementou o Programa Educação de Jovens e Adultos (EJA). Fredson, que possui formação acadêmica e experiência em sala de aula, foi escolhido para liderar esse processo educativo, trazendo resultados significativos para a comunidade e garantindo o acesso à educação para os agricultores familiares da comunidade do Funil, em Laje. Assim, ele complementa sua renda atuando como educador durante o período noturno.

A comercialização dos produtos da família também ocorre na comunidade, por meio de intermediários e na feira local.

CAPÍTULO VI

CONSTRUÇÃO DO CONHECIMENTO AGROECOLÓGICO

Rosélia Batista de Melo
José Henrique Ramos Santos
Fernando Ferreira Oiticica
Aline Santos de Sousa
Veronice Santos de Souza
Ariane Araujo Oliveira

A construção do conhecimento a partir da incorporação de práticas agroecológicas é um processo fundamental no contexto da assessoria técnica para a agricultura familiar. A agroecologia é uma abordagem que busca integrar princípios ecológicos no planejamento e gestão das atividades agrícolas, visando não apenas a produção de alimentos saudáveis, mas também a promoção da biodiversidade, a conservação dos recursos naturais e a melhoria da qualidade de vida.

Figura 1 – Recuperação e conservação da semente do arroz

Fonte: FASE (2023)

A agroecologia se beneficia da sabedoria acumulada ao longo de gerações por agricultores que adotam práticas tradicionais baseadas em observações empíricas do ambiente. Essas práticas frequentemente se mostram eficazes na otimização do uso da terra, na conservação do solo, na gestão da água e na promoção de sistemas agrícolas resilientes. No entanto, a agroecologia também envolve a incorporação de novos conhecimentos técnicos — isso pode ser aproveitado pelos agricultores por meio da experimentação —, que buscam aprimorar as práticas existentes e desenvolver abordagens inovadoras que se alinhem com os princípios da agroecologia. Durante o processo de assessoria técnica efetivado pela equipe de educadores da FASE, buscou-se soluções para desafios específicos, como o controle de pragas, o aumento da fertilidade do solo e a adaptação às mudanças climáticas.

A educação desempenha um papel essencial nesse processo de construção do conhecimento agroecológico, e resultados positivos nos diferentes processos de formação são possíveis quando o agricultor(a) familiar implementa as técnicas apresentadas pelos educadores. Durante a intervenção da FASE, junto aos 540 agricultores(as) assessorados, foi possível observar a mudança na forma de cultivar e preservar o meio ambiente.

I. Transformação Agroecológica em Minifúndio: o caso de Antônio Anatércio de Almeida Sampaio e Maria do Rosário Sampaio dos Santos em São Miguel das Matas, Bahia

Antônio Anatércio de Almeida Sampaio e Maria do Rosário Sampaio dos Santos na comunidade de Comum do Machado, em São Miguel das Matas, Bahia, destaca a importância da Assistência Técnica e Extensão Rural (ATER) agroecológica como catalisadora de mudanças significativas em áreas de minifúndio. Durante o período de assessoria, foi possível acompanhar o processo de transformação da Unidade de Produção Familiar, abordando técnicas de proteção e conservação do solo, recuperação de áreas degradadas, diversificação da produção, participação social e acesso a políticas públicas.

Com uma área de 1,25 hectares, a propriedade compreende um roçado para cultivos perenes destinados ao comércio, um quintal produtivo com frutíferas e cultivos anuais, e uma horta diversificada para a alimentação familiar. Ao receber a intervenção da ATER, a família iniciou um processo de transição, abandonando o sistema de monocultivos em favor de uma produção diversificada e incorporando plantios alimentares para o autoconsumo. A participação ativa na comunidade e a aplicação dos conhecimentos adquiridos nas atividades formativas evidenciou o comprometimento da família com a mudança.

Figura 2 – Sr. Antonio apresentando frutos de seu quintal produtivo

Fonte: FASE (2023)

Os resultados positivos desta transformação são notáveis. A diversificação de cultivos contribuiu para uma redução significativa na dependência de insumos externos, enquanto a implementação de biocaldas para o controle alternativo de pragas e doenças demonstrou uma abordagem sustentável. A produção e utilização de biofertilizantes e composto orgânico para adubação não apenas favoreceram a saúde dos cultivos, mas também resultaram em uma diminuição dos custos de produção.

Figura 3 – Familia desenhando o mapa da propriedade

Fonte: FASE (2021)

Apesar dos avanços, a família ainda comercializa principalmente via atravessadores, destacando a necessidade de maior acesso a políticas públicas para a agricultura familiar. Este ponto ressalta a importância de estratégias que promovam a autonomia econômica, permitindo que produtores como Antônio Anatércio e Maria do Rosário acessem diretamente os mercados.

A história de transformação agroecológica de Antônio Anatércio de Almeida Sampaio e Maria do Rosário Sampaio dos Santos destaca os benefícios concretos da ATER em minifúndios. Essa experiência não apenas melhora a sustentabilidade da produção, mas ressalta a importância de orientar e socializar informações para as famílias participarem ativamente na construção de comunidades agrícolas resilientes e autossuficientes. A família destaca-se pelo cuidado com o meio ambiente, em que sua ação direta contribui para a recuperação de uma nascente dentro da propriedade, outra prática de destaque é o cultivo no Sistema Agroflorestal (SAFs,) formando uma vegetação com equilíbrio ambiental e cobertura do solo. Toda mão de obra vem da família, aproveitando todo material da propriedade e transformando em adubo por meio da ciclagem de nutrientes.

II. Integração entre Lavoura e Pecuária

Arlindo Santiago dos Santos e Maria dos Santos Silva, residentes no Sítio Boa Vista e proprietário do Sítio Fé em Deus, com área de 10 hectares no município de Mutuípe, Bahia, Brasil. O agroecossistema da família é conduzido por um sistema de integração de lavoura e pecuária, potencializando e organizando a produção com o aproveitamento de resíduos vegetais e esterco dos suínos produzidos na propriedade, porém o agricultor ainda depende de alguns insumos externos como calcário, esterco de cabra e NPK, o que impacta nos custos de produção. Durante a intervenção sociotécnica da equipe de educadores da FASE Bahia, buscou-se diminuir essa dependência, utilizando-se resíduos da propriedade na produção de compostagem, caldas naturais para controle de pragas e doenças, biofertilizantes, rotação e diversificação de cultivos, plantio em curva de nível e utilização de cobertura morta como prática de recuperação do solo.

Figura 4 – Assessoria técnica no roçado do sr. Arlindo

Fonte: FASE (2022)

A Unidade de Produção Familiar é subdividida em roçado, onde destaca-se o plantio de cacau, cravo, banana e café. No quintal, são cultivadas hortaliças diversas de forma agroecológica, destacando-se a batata doce, tomate, alface, cebolinha, couve, pepino, beterraba, coentro, abóbora, jiló, cenoura, alfavaca fina e grossa, manjericão, hortelã, taioba, coentro largo, feijão de corda, feijão-guando, milho, amendoim, mamão, cupuaçu, laranja, limão, acerola. Integrando o agroecossistema, a família produz galinha caipira tipo corte e postura para consumo familiar e aproveita o esterco para fertilização das hortaliças, realizando também a criação de peixe de água doce. Toda a produção da propriedade tem como finalidade a promoção da segurança alimentar e nutricional e a comercialização de excedente.

Figura 5 – Criação de peixe para subsistencia

Fonte: FASE (2022)

A promoção da segurança alimentar e nutricional é prioridade para a família, e para a agregação de valor aos produtos da propriedade, são processados o café, corante, tempero e polpa de frutas. A propriedade é abundante em recursos hídricos utilizados para consumo humano, criação animal e utilização na produção de hortaliças. No passado, a família acessou a política pública de habitação rural (PNHR) e atualmente acessa a política pública de comercialização (PAA).

III. Agricultor Experimentador em Práticas Agroecológicas: transformando a realidade em Moenda Seca, São Miguel das Matas, Bahia

A intervenção da ATER, aliada ao processo de formação teórico-prático e às visitas técnicas da equipe da FASE Bahia, trouxe uma revolução na abordagem agrícola de seu Benedito José dos Santos. Agora um agricultor experimentador, ele incorpora e promove práticas de produção sustentável em seus 1,8 hectares. A utilização inovadora da água de mandioca (manipueira) da casa de farinha comunitária, a produção de compostagem e biofertilizantes, e a criação de biocaldas para controle de pragas e doenças destacam-se como praticas inovadoras. Seu quintal produtivo é uma joia agroecológica, com frutíferas diversificadas, horta orgânica e venda na feira municipal, conquistada após esforço conjunto de agricultores.

Figura 6 – Mapa da Unicidade Produtiva Familiar

Fonte: FASE (2023)

Trabalhando em regime familiar, todos os membros participam ativamente na produção e organização doméstica. A aquisição de uma bomba para sistema de irrigação, alimentado por manipueira, melhorou significativamente o manejo da horta e do pomar. A integração lavoura-pecuária, com galinhas caipiras de corte e postura, não só garante autoconsumo, mas fornece esterco para compostagem e adubação orgânica.

O destaque vai para a produção de grãos (feijões e milho), que fortalece a soberania alimentar e reduz a dependência de insumos externos, enquanto aumenta a renda familiar. Para superar desafios financeiros, seu Benedito acessou com sucesso o Programa Nacional de Fortalecimento da Agricultura (PRONAF), linha custeio, viabilizando as atividades necessárias.

Além de comercializar por meio de atravessadores e na feira municipal, Benedito participa do Programa Nacional de Alimentação Escolar (PNAE), contribuindo para a alimentação escolar do município. Seu compromisso com a agroecologia não apenas transformou sua propriedade, mas influencia positivamente a comunidade de Moenda Seca, mostrando que a sustentabilidade agrícola é um caminho possível e benéfico para todos.

IV. Trajetória Agroecológica na Unidade de Produção Familiar de Edenilton em Sete Voltas do Barro, Laje, Bahia

A experiência de Edenilton Vieira dos Santos na comunidade de Sete Voltas do Barro, no município de Laje, Bahia, apresenta um notável exemplo de transformação na agricultura familiar. Com uma área de 3,8 hectares, a Unidade de Produção Familiar (UPF), demonstra a importância da Assistência Técnica e Extensão Rural (ATER) e o processo educativo de inclusão social e econômica na agricultura familiar.

Sob a orientação da equipe de educadores da FASE Bahia, Edenilton adotou práticas inovadoras de proteção e conservação do solo, como plantio em nível, cobertura morta com restos de culturas (palhadas), adubação verde e rotação de culturas. O agroecossistema passou por uma transição significativa em direção a agroecologia, marcada pela diversificação de cultivos, utilização caldas naturais, plantios consorciados no controle de pragas e doenças, e a produção local de biofertilizantes, compostagem e utilização de esterco. Essas práticas não apenas reduziram os custos, mas resultaram na produção de alimentos saudáveis.

Figura 7 – Assessoria técnica para reaproveitamento dos casqueiros de cacau

Fonte: FASE (2023)

A propriedade de Edenilton possui uma área de pastagem e uma variedade de cultivos, incluindo cacau, laranja, limão, banana da terra, banana da prata, mandioca, acerola, coco, cupuaçu, abacaxi, batata doce, morango, canela, ervas medicinais, hortaliças e criação de ovinos.

Em busca de melhorias, o agricultor tem se dedicado a acessar políticas públicas de crédito, como o Programa Nacional de Fortalecimento da Agricultura Familiar (PRONAF), e estratégia de comercialização, com o Programa de Aquisição de Alimentos (PAA). Essas iniciativas visam agregar valor à produção, como a fabricação de polpa de frutas e farinha de mandioca.

A infraestrutura é composta pela casa de moradia, depósito e uma barcaça para beneficiamento do cacau. Além do abastecimento de água proveniente de nascente e poço artesiano, Edenilton busca acessar tecnologias sociais que facilitem o manejo do agroecossistema. Essa necessidade poderia ser atendida por meio da inclusão de fomento para as famílias, junto da política de ATER, fortalecendo ainda mais o desenvolvimento sustentável da UPF. O jovem agricultor se destaca por produzir diversas hortaliças, para venda e consumo de forma agroecológica — gerando renda e garantindo a soberania alimentar da família —, adaptar as práticas agroecológicas e utilizar biocaldas no controle de biológico de pragas e doenças de suas culturas. É importante salientar a importância do ATER na vida dos jovens agricultores, que por meio das formações acessam políticas públicas e melhoram sua geração de renda, propiciando a permanência inteligente do jovem no campo, impactando positivamente no processo de sucessão na agricultura familiar.

V. A Transformação da Unidade de Produção Familiar de Fideles dos Santos Mota e Regina do Bom Conselho Santos

Com uma área de 1,1 hectare, a propriedade era dedicada predominantemente ao cultivo de cacau, na comunidade de Cariri, localizada no município de Mutuípe, Bahia, Brasil, com uma trajetória da Unidade de Produção Familiar (UPF), e é marcada por um notável percurso de evolução e conquistas ao longo do processo de assessoria técnica agroecológica, com destaque para as seguintes fases.

De 2000 a 2020: implantação de área com cacau, dando início à atividade produtiva com o cultivo de cacau; acesso a programas sociais, com a participação nos programas Bolsa Família, Luz para Todos e ao programa banheiro social (CAR), proporcionando melhorias nas condições de vida; acesso ao PRONAF, o que gerou a possibilidade de financiamento para investimentos na propriedade; implantação de viveiro de mudas de cacau para produção e venda de mudas; compra de moto, melhorando na mobilidade para gestão e logística da propriedade; reforma da casa, que é um investimento em infraestrutura habitacional; acesso à política de ATER agroecologia, com o qual deu-se início à inserção de práticas agroecológicas.

De 2020 a 2023: dedicação exclusiva à UPF, focando na produção familiar; acesso a aposentadoria pela esposa como fonte adicional de renda; devolução do cartão do Bolsa Família, o que reduziu a dependência de programas assistenciais; participação no conselho fiscal da associação comunitária, gerando engajamento na gestão comunitária; início da produção de polpas de frutas, diversificando e agregação de valor à produção; aumento da produção de cacau, o que gerou crescimento na produção do cultivo principal da propriedade e aumento da renda; reforma e ampliação da cozinha, trazendo melhoria nas condições para beneficiamento de frutas; instalação da internet, proporcionando melhoria na conectividade para acesso a informações e mercado; e reforma da estufa solar, que é um investimento em tecnologias sustentáveis.

Com a chegada da Assistência Técnica e Extensão Rural (ATER) na comunidade, um diagnóstico preciso revelou desafios enfrentados pelos agricultores locais. A dependência de herbicidas, inseticidas e fertilizantes químicos, aliada à necessidade de insumos do mercado externo e a comercialização por meio de atravessadores, demonstrou a vulnerabilidade da agricultura local. Além disso, práticas inadequadas de manejo e conservação do solo contribuíram para a deficiência nutricional do solo.

Figura 8 – Fideles desenhando o mapa de dua propriedade

Fonte: FASE (2023)

A partir desse diagnóstico, as ações de ATER foram cruciais com formação continuada e visitas técnicas orientando os agricultores para o manejo adequado do solo, incluindo práticas como cobertura morta, cobertura verde, benefícios da roçadeira e barreira vegetal. A análise, correção e adubação orgânica do solo foram implementadas, juntamente do consórcio de culturas, plantio de ciclos curtos e criação de uma horta. A preparação de insumos biológicos, como defensivos naturais, composteira doméstica, adubação verde e compostagem, promoveu práticas sustentáveis.

Os principais avanços incluíram a participação ativa em atividades comunitárias, adubação orgânica do solo, continuidade no acesso ao PRONAF, ênfase na segurança alimentar, plantio diversificado inserindo milho e feijão, aumento da produção e redução do uso de agroquímicos. As práticas orgânicas de controle de pragas e doenças, aliadas ao manejo do cacaueiro, não apenas impulsionaram a produção, mas conferiram à família a capacidade de sustentar-se exclusivamente em sua própria propriedade, proporcionando sustentabilidade ambiental e econômica.

Figura 9 – Produção de mudas de frutíferas

Fonte: FASE (2022)

A experiência de Fideles e Regina na comunidade Cariri reflete uma transformação significativa, impulsionada pela adoção de práticas agroecológicas e o suporte efetivo da ATER. A trajetória da UPF representa um caso de sucesso individual além de inspirar a comunidade a buscar caminhos sustentáveis para o desenvolvimento agrícola, fortalecendo a resiliência e a autonomia dos agricultores locais.

VI. Incorporando Práticas de Transição para a Agroecologia: experiencia de Marinalva Gonçalves dos Santos, comunidade de Moenda Seca, município de São Miguel das Matas, Bahia

A agricultura familiar no município de São Miguel das Matas não difere muito da maioria dos municípios do Território do Vale do Jiquiriçá, o qual possui predominância de minifúndios. A agricultora Marinalva procura aproveitar ao máximo sua área de 2,4 hectares subdivididos em quintal produtivo com a produção de frutíferas, tendo como destaque o cultivo do cacau e outras espécies frutíferas. No roçado, são cultivados mandioca e aipim e na horta, folhosas e legumes.

Com o início das ações de ATER agroecológica na comunidade e a seleção da agricultora para caracterização da Unidade de Produção Familiar (UPF), iniciaram-se as atividades com a aplicação do diagnóstico inicial da propriedade. Após a análise pelos(as) educadores(as) técnicos(as) da FASE Bahia, percebeu-se o potencial para uma transição agroecológica e diminuição do uso de insumos externos utilizados na condução dos cultivos. Com a formação sociotécnica (oficinas, dias de campo etc.), foi possível utilizar novas técnicas de produção e práticas agroecológicas bem recebidas por Dona Marinalva e sua família, tais como a proteção e conservação do solo (coleta e análise de amostras do solo para identificar o grau de fertilidade, utilização de cobertura morta e adubação verde); produção de compostagem e biofertilizantes utilizando produtos locais, para adubação orgânica dos cultivos; produção de biocaldas para controle alternativo de pragas e doenças; diversificação de cultivos nas áreas do quintal produtivo, outras espécies arbóreas frutíferas, o roçado, com o plantio de feijões, milho, amendoim e arroz de sequeiro), e a horta, com a ampliação e diversificação do plantio de outros legumes e tubérculos, com consequente ampliação da renda e da soberania e segurança alimentar.

A agricultora tem um protagonismo muito forte na participação nos espaços de discussão de políticas públicas para a agricultora familiar, estando presente nas assembleias do SINTRAF de São Miguel das Matas como sócia, secretária da associação comunitária de Moenda Seca e participante em conselhos municipais.

Durante a realização das atividades de ATER junto da família, outros fatos importantes aconteceram como o retorno da filha Daniele, que atualmente faz a graduação a distância no curso de Administração. Ela tornou-se uma guardiã de sementes crioulas na comunidade, implantou um viveiro de mudas de cacau para replantio e ampliação da área, participou de formação sobre produção de cacau fino e participou a comercializar os produtos na comunidade, feira municipal, Programa Nacional de Alimentação Escolar (PNAE), além de o atravessador ainda possuir papel importante no escoamento da produção.

Alguns fatores limitantes para o alcance de maiores resultados na Unidade de Produção Familiar, são: infraestrutura material e hídrica insuficiente; pouco acesso a novas tecnologias sociais por falta de fomento dos governos; diminuição — porém ainda dependente —, de insumos externos para produção e logística de escoamento da produção.

VII. A Importância da Terra como Meio de Produção e Transformação Social

Manoel Almeida dos Santos e Francisca de Jesus Souza dos Santos, comunidade Duas Barras, município de Ubaíra, Bahia, Brasil. Área: 7 hectares.

A história de Manoel Almeida dos Santos e Francisca de Jesus Souza dos Santos, residentes na comunidade de Duas Barras, em Ubaíra, Bahia, é um testemunho inspirador da importância da terra como meio de produção e transformação social. Com uma área de 7 hectares, o casal empreendeu uma jornada marcante ao longo das décadas.

Durante o período de 1982 a 2020, o casal Manoel e Francisca conquistaram sua a primeira área de terra em Amargosa, construíram sua casa e tiveram acesso ao programa Vale Gás. Posteriormente, venderam a área e adquiriram uma nova em Ubaíra, na comunidade de Duas Barras, e passaram a acessar outras políticas públicas, entre elas, destacam-se o crédito do PRONAF para o plantio de banana-da--terra e cacau terra, renovaram o financiamento para implantação da cultura do café; acessaram o Bolsa Família, a construção de banheiro social pela CAR, o Programa Luz para Todos, o Programa P1MC para construção da cisterna, além do acesso a aposentadoria rural, aquisição de moradia pelo Programa Nacional de Habitação Rural (PNHR), aquisição de veículo e a política pública de ATER Agroecológica.

No período de 2021 a 2023, a intervenção educativa da ATER e a aplicação do Diagnóstico da Unidade de Produção Familiar realizada pela equipe da FASE Bahia revelaram a alta dependência de insumos externos, a intensiva utilização de agroquímicos e a comercialização via atravessador. A partir desse diagnóstico, iniciou-se um processo de formação continuada e visitas técnicas, marcando o início da transição para a agroecologia. Técnicas de manejo e conservação do solo foram implementadas, um viveiro de mudas foi implantado, e estratégias de controle alternativo de pragas e doenças foram adotadas. Além disso, começaram a produzir biocaldas, biofertilizantes e compostagem, retornaram à associação comunitária, participaram da feira municipal da agricultura familiar e tiveram acesso a água encanada via nascente na comunidade. A área de produção também foi diversificada com a introdução de cultivos alimentares.

Figura 10 – Apresentação do mapa da propriedade

Fonte: FASE (2023)

A intervenção educativa da ATER junto à família resultou em transformações significativas, de acesso à água, segurança alimentar e nutricional, diversificação da produção e participação social, os quais são aspectos qualitativos que refletem para além das mudanças nas práticas agrícolas, melhorias substanciais na qualidade de vida da família.

A história de Manoel e Francisca é um exemplo vivo de como a integração de práticas agroecológicas e a participação em programas de desenvolvimento rural sustentável podem não apenas melhorar a produção agrícola, mas promover uma transformação social positiva em comunidades rurais. Essa jornada destaca a relevância crucial da terra como um meio de subsistência, prosperidade e crescimento sustentável.

VIII. Estratégias para Convivências nos Minifúndios com a Agricultura Familiar

Raimundo Silva e Wagner Roma da Silva, residentes no Sítio Boa Vista, na comunidade de Umbaúba, Presidente Tancredo Neves, Bahia.

Pai e filho enfrentam a realidade dos minifúndios na agricultura familiar com uma propriedade de 1,8 hectare de terras. Mas apesar das limitações de espaço, a diversificação de culturas e a segurança alimentar estão presentes na unidade produtiva de seu Raimundo, o qual vem promovendo o uso eficiente dos recursos disponíveis, gestão cuidadosa e práticas agrícolas sustentáveis com a incorporação de práticas agroecológicas. Faz-se necessário também ressaltar que o sr. Raimundo é deficiente visual, vítima de um acidente de trabalho, e consegue enxergar um pouco quando está perto.

O agroecossistema da propriedade é bastante diversificado em cultivos, com a produção de mais de quarenta variedades, destacando-se a produção de plantas alimentícias não convencionais (PANCS), plantas medicinais, frutíferas e hortaliças. Possui água suficiente para o consumo humano e criação de animais. A família possui uma dieta alimentar diversificada, utilizando produtos da unidade produtiva, a base de grãos, frutas, verduras, raízes e hortaliças, comprando apenas o que ainda não consegue produzir, como açúcar e sal.

Figura 11 – Colhendo os frutos da terra

Fonte: FASE (2022)

Figura 12 – Agricultor feliz com o resultado se sua produção

Fonte: FASE (2023)

A partir da intervenção de ATER, a família aderiu a práticas agroecológicas, utilizando insumos produzidos a partir dos resíduos do próprio agroecossistema. Inicialmente no cultivo do cacau houve um decréscimo aceitável na produtividade, a partir da renovação e utilização de material genético selecionado, com produtividade acima da média e a utilização de práticas agroecológicas, aposta-se na ampliação da produção nos anos seguintes. No último ano, a família acessou políticas públicas do PNAE e PAA.

A participação social é bastante ativa na Associação dos Produtores Rurais da Umbaúba (APROTRUM) e na igreja evangélica, no entanto, é necessário ampliar a participação em outros espaços públicos, como eventos, feiras, palestras e seminários relacionados a agricultura familiar, sindicalismo e cooperativismo.

Figura 13 – Assessoria técnica na produção de compostos orgânicos

Fonte: FASE (2023)

O agricultor vem desenvolvendo práticas agroecológicas de proteção e conservação do solo, como cobertura morta, adubação verde, construção de camaleões, adubação orgânica com composteira, rotação de cultivo, manejo fitossanitário com a utilização de urina de vaca, poda de limpeza e manutenção, diversificação de plantios.

As tecnologias sociais, equipamentos e infraestrutura são suficientes para a produção atual, no entanto, há uma necessidade de implementação de novas tecnologias para otimização da produção e aquisição de equipamentos para o beneficiamento do café com mais eficiência, aquisição de estufa solar e cochos de fermentação para beneficiamento do cacau.

IX. Terra Fértil: a trajetória agroecológica de Rita Barreto de Souza em São Miguel das Matas, Bahia

A família da senhora Rita Barreto e Urbano Pinto vive e produz no sítio Areia Fina, localizado na comunidade de Areia Fina, em São Miguel das Matas, e possui área de 6,2 hectares, bem diversificada e divididas em áreas planejadas.

A área um é composta por um sistema agroflorestal, com diversos cultivos como o cacau, banana, goiaba, maracujá, acerola, jenipapo, seriguela, jabuticaba, jambo, caju, cajá, jaca, goiaba abacate, coco, manga, cana, pimenta do reino e árvores nativas cedros, jatobá, sucupira e jacarandá.

Na área dois, encontra-se uma área de pastagem ladeada por área de preservação permanente com o Rio Magrelo, com suas matas ciliares preservadas, onde desenvolve a criação de peixes. Nesta área, possui diversas plantas endêmicas tais como: dendê, espinheiro, sucupira, murici, fidalgo, vassourinha e demais plantas endêmicas para o descanso dos animais.

Na área três, está instalado o quintal com plantio de laranja consorciada com feijões diversos, aipim, amendoim, batata doce e milho. Esta área foi reservada para garantir a produção de alimentos e garantia da segurança alimentar da família.

Na área 4, está implantada a horta com cultivos diversificados e plantio de tubérculos (batata doce, cenoura, beterraba e aipim), legumes (pimentão, tomate, jiló, maxixe, pimenta, quiabo), folhosas (cebolinha, coentro, alface, couve e salsa), grãos e leguminosas (arroz, feijão, feijão guandu, mangalô) e plantas medicinais (loro, camomila, quioiô, mastruz, benzetacil, marcela galega, anador, capim citronela, taioba, manjericão, hortelã, erva doce, alfavaca grossa, açafrão, erva cidreira, língua de vaca), que são utilizadas no consumo familiar, garantindo a segurança alimentar e nutricional da família e a venda do excedente. A família também cria galinha caipira no sistema semi-intensivo, com a utilização de raspa de mandioca, milho e outros subprodutos da propriedade para diminuição dos custos com alimentação.

Figura 14 – Rita Barreto cultivando PANCS

Fonte: FASE (2023)

A intervenção técnico educativa da equipe da FASE Bahia buscou abordar a adoção de novas práticas de produção agroecológica, como a coleta de amostras de solo para poder analisar o potencial e indicar, a produção de biofertilizantes e compostos orgânicos capazes de elevar a fertilidade do solo e o bom desenvolvimento e produção dos cultivos, bem como como a correção da acidez do solo por meio da calagem, com a utilização de calcário. Também foram orientadas outras técnicas como a cobertura do solo com matéria seca das palhadas, cobertura verde, manejo de conservação de água no solo, produção de biocaldas para o controle alternativo de pragas e doenças, ampliação da diversidade produtiva, resgate da cultura do arroz de sequeiro na propriedade. Outro destaque foi a produção e conservação de sementes crioulas, tornando-se guardiã de sementes na comunidade.

Figura 15 – Recuperação da cultura alimentar, a partir do cultivo de arroz

Fonte: FASE (2023)

Como resultados da ATER, destacam-se o acesso aos mercados institucionais (PAA e PNAE), ampliação da diversidade de cultivos, diminuição da dependência de insumos externos para produção, valorização dos produtos e preço justo, autoconsumo com produtos livres de agroquímicos e implantação do banco de sementes crioulas. A família se destaca em colocar em práticas o conhecimento técnico produtivo orientado pela ATER, para a produção de compostagem e biofertilizante, passou a realizar cobertura morta, utilizar adubação orgânica e realizar o manejo adequado do solo. Está produzindo alimentação alternativa para aves, e se tornaram guardiãs de sementes crioulas, com destaque para recuperação da semente e produção de arroz.

Figura 16 – Assessoria coletiva para a produção de composto orgânico

Fonte: FASE (2023)

X. Cultivando a Agroecologia: a jornada de Valdelice e Roque em Riacho Novo, Jiquiriçá, Bahia

Este texto destaca a trajetória do casal Valdelice Jesus Cardoso dos Santos e Roque Cardoso dos Santos, residentes na comunidade de Riacho Novo, município de Jiquiriçá, Bahia, Brasil. Proprietários de uma área de 4 hectares, eles desenvolvem atividades agrícolas e pecuárias adotando práticas sustentáveis que promovem a sua integração.

Figura 17 – Agricultoror (a) felizes com o resultado de sua plantação de guaraná

Fonte: FASE (2023)

A propriedade é subdividida em três subsistemas, refletindo a abordagem multifuncional adotada por Valdelice e Roque. O roçado abriga uma vasta gama de cultivos, incluindo cacau, banana, guaraná, abacate, acerola, goiaba, jaca, limão, rambutã, coco, cupuaçu e pimenta do reino. O quintal produtivo destaca-se pela produção de feijões, amendoim, batata doce, aipim, mandioca, milho e diversas hortaliças. Além disso, a área de pastagem é utilizada para a criação de bovinos, suínos e aves, visando a produção de leite, ovos e carne para autoconsumo e comercialização do excedente.

A família utiliza estrategicamente o esterco e a urina de vaca para adubar o quintal produtivo, promovendo a integração sustentável entre a agricultura e a pecuária. Essa prática exemplar ilustra a busca por eficiência e sustentabilidade na Unidade de Produção Familiar.

Valdelice e Roque são receptivos à adoção de novas tecnologias sustentáveis e experimentam na Unidade de Produção Familiar. A disponibilidade de água é estratégica para consumo humano, animal e irrigação da horta. Além disso, eles utilizam matéria-prima da propriedade na produção de compostagem, produzem, utilizam e vendem biofertilizantes e caldas naturais. A família teve acesso a políticas públicas, como o Programa Nacional de Fortalecimento da Agricultura Familiar (PRONAF) e o Programa de Aquisição de Alimentos (PAA). Além disso, participaram do edital 15 do projeto Bahia Produtiva, para a implantação do quintal produtivo, promovendo a ampliação e diversificação dos cultivos alimentares, reforçando a segurança alimentar e nutricional.

Figura 18 – Assessoria na implantação de horta faliliar

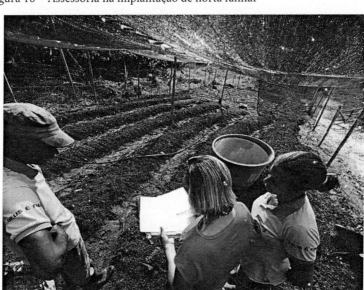

Fonte: FASE (2023)

A Assistência Técnica e Extensão Rural (ATER) desempenhou um papel crucial na ampliação da diversidade de cultivos alimentares, no acesso a políticas públicas e na adoção de tecnologias sociais e práticas agroecológicas. A diminuição da dependência externa de insumos e a redução dos custos de produção são resultados concretos dessa intervenção.

A família comercializa seus produtos na comunidade, em feiras locais e no mercado institucional. Além de contribuir para a renda familiar, essa prática promove a circulação de alimentos saudáveis na comunidade.

Figura 19 – Agricultores(as) apresentando resultado da produção

Fonte: FASE (2023)

A história de Valdelice e Roque é um testemunho inspirador de como a agricultura agroecológica, a inovação tecnológica e a participação ativa em políticas públicas podem transformar uma propriedade familiar. Seu compromisso com a sustentabilidade e a comunidade destaca o potencial da agricultura familiar como motor de desenvolvimento local e promoção da segurança alimentar e nutricional. Protetora das águas, a família recuperou a nascente e mantém sua reserva, mantendo assim o equilíbrio ambiental da propriedade.

CAPÍTULO VII

DESAFIOS DA ASSISTÊNCIA TÉCNICA E EXTENSÃO RURAL NA AGRICULTURA FAMILIAR NA BAHIA: ENFRENTANDO DEMANDAS CRESCENTES COM RECURSOS LIMITADOS

Rosélia Batista de Melo

A agricultura familiar na Bahia é fundamental para a economia estadual, mas enfrenta diversos obstáculos, especialmente no que diz respeito à assistência técnica e extensão rural. Para lidar com essas questões, é preciso uma abordagem eficaz e atenta por parte dos setores responsáveis. Neste contexto, as palavras de Paulo Freire ecoam: "É fundamental diminuir a distância entre o que se diz e o que se faz, de tal forma que, num dado momento, a tua fala seja a tua prática" (Freire, 2003, p. 61).

Os princípios da Política Estadual de Assistência Técnica e Extensão Rural (PEATER) reforçam a responsabilidade do estado na execução gratuita e acessível da ATER para todos. Esses princípios incluem a promoção do desenvolvimento rural sustentável, a gratuidade e qualidade dos serviços, a adoção de metodologias participativas e interculturais, bem como a busca pela equidade de gênero, geração, raça e etnia, contribuindo para a soberania e segurança alimentar e nutricional.

Estudos do IBGE mostram que a falta de investimento adequado compromete a implementação de programas eficazes de extensão rural. A citação de Mário Quintana, "O segredo é não correr atrás das borboletas, é cuidar do jardim para que elas venham até você," reflete o desafio de atrair e manter profissionais qualificados na área de assistência técnica, o que impacta diretamente na qualidade dos serviços prestados aos agricultores e agricultoras familiares.

O acesso limitado à tecnologia moderna é um desafio significativo, impactando a eficiência e a produtividade da agricultura familiar. Além disso, as mudanças climáticas exigem estratégias adaptativas e sustentáveis na assistência técnica, focando em práticas de conservação do solo, água e meio ambiente.

Há uma série de fatores que devem ser considerados enquanto desafios, desde questões territoriais, como áreas agricultáveis sendo assediadas pela mineração, a concentração de terras, as ameaças como o uso excessivo de agrotóxicos e os desafios trazidos pelos grandes projetos. Além da necessidade de políticas públicas direcionadas à juventude, a questão do êxodo rural e até mesmo a segurança pública nas comunidades rurais são elementos que demandam atenção.

É necessário alinhar a pesquisa acadêmica com a extensão rural, fortalecer os sistemas de controle social, lidar com a fragilidade do sistema de gerenciamento de ATER e garantir um nível metodológico consistente entre os fiscais de projetos dos órgãos estaduais.

Para concluir, em face dos desafios enfrentados pela agricultura familiar na Bahia, a coesão entre discurso e ação se mostra crucial. A necessidade de alinhamento entre políticas públicas e efetiva execução é evidente, refletindo os princípios da PEATER, que buscam promover a sustentabilidade rural e equidade social. O déficit de investimento prejudica programas de extensão, e o acesso limitado à tecnologia moderna impacta diretamente a eficiência agrícola, enquanto as mudanças climáticas demandam estratégias adaptativas e sustentáveis. Questões territoriais, uso excessivo de agrotóxicos e desafios socioeconômicos também clamam por atenção. Para garantir um futuro próspero para a agricultura familiar, é crucial alinhar pesquisa e prática, fortalecer o controle social e superar as fragilidades no sistema de gerenciamento da ATER.

CAPÍTULO VIII

RESULTADOS DOS SERVIÇOS DE ATER AGROECOLOGIA

Rosélia Batista de Melo

I. Análise dos Resultados Qualitativos da Intervenção Educativa dos Serviços do Contrato ATER Agroecologia

A intervenção educativa da FASE a partir do ATER Agroecologia parte de ações cumulativas desenvolvidas durante a sua atuação no Baixo Sul e Vale do Jiquiriçá, na busca constante pela garantia e defesa dos direitos dos agricultores(as) familiares, com prioridade na intervenção com a juventude e mulheres. Junto às 540 famílias acompanhadas nesse período de três anos, foi possível analisar e evidenciar resultados significativos referente ao acesso a políticas públicas, de produção, beneficiamento e comercialização. Realizou-se atividades voltadas a organização da documentação para o acesso a políticas públicas, por meio da inserção e renovação da Declaração de Aptidão ao PRONAF (DAP) e posteriormente ao Cadastro da Agricultura Familiar (CAF), com esses documentos atualizados, as famílias tiveram acesso a programas de distribuição de alevinos, a política pública de acesso ao crédito (PRONAF), a políticas de acesso a comercialização (PAA e PNAE) e acesso a programas de distribuição de mudas.

A assistência técnica e extensão rural tem como um dos princípios potencializar as diversas formas de produção dentro da unidade familiar. Durante o processo de assessoria técnica junto às 540 famílias de agricultoras familiares, foi possível dar atenção a esse princípio, com resultados positivos no aumento da produtividade, a partir da aplicação de novas técnicas, integrando cultivos a criações, com base na diversificação da produção, priorização para a multiplicação e conservação de sementes crioulas, promoção da mudança nos hábitos alimentares em sintonia com promoção da soberania e segurança alimentar e nutricional priorizada nos processos de intervenção da ATER.

A aplicação de técnicas produtivas com base na agroecologia, tais como a realização coleta e de análise de solo, utilização de biofertilizantes, caldas biológicas, produção de compostos orgânicos, incorporação de práticas de conservação do solo, com a realização de cobertura morta, curva de nível, e cerca viva, foram essenciais para o alcance dos resultados das intervenções educativas. Outros resultados significativos foram evidenciados com a participação dos jovens nas atividades coletivas e produtivas, na realização de mutirões, recuperação de nascentes e mata ciliares, a produção e utilização de ervas medicinais, bem com a preocupação com ações que minimizem os efeitos das mudanças climáticas nas comunidades e unidades de produção familiares.

A busca incessante por canais de comercialização da agricultura familiar é parte integrante das ações desenvolvidas pela FASE junto aos agricultores protagonistas de nosso processo de intervenção educativa, um dos gargalos ainda preocupante no escoamento da produção na agricultura familiar. Na execução desse projeto, foi possível viabilizar o acesso a mercados locais, mercados institucionais, feiras agroecológicas e municipais, além da comercialização via cooperativas e junto a órgãos governamentais durante a realização de eventos públicos, com uma atenção especial ao processo de beneficiamento dos produtos da agricultura familiar, com resultados importantes referente ao aumento das variedades dos produtos beneficiados, aplicação de novas técnicas de beneficiamento, elaboração de manual de boas práticas, aplicação de técnicas de boas práticas, melhoria na qualidade e padronização da produção.

Nas ações direcionadas para as mulheres agricultoras familiares, foi possível evidenciar o protagonismo das mulheres na gestão das associações e fomentar a coletividade junto aos grupos produtivos de mulheres, com a ativação de grupos já existentes e a constituição de novos grupos produtivos de mulheres, acesso ao fundo rotativo solidário, a aplicação da Caderneta Agroecológica, e implantação de roçados coletivos.

Figura 1 – Diagnostico comunitário Coruja I

Fonte: FASE (2021)

Na agricultura familiar o processo de organização e gestão da associações é fundamental para o acesso a políticas públicas, a intervenção da FASE também se deu no apoio às associações nos processos de organização documental, registro de atas, cadastro na Secretaria Estadual da Fazenda (SEFAZ) para emissão de notas fiscais, orientação e regularização estatutária, para adequação ao Marco Regulatório das Organizações da Sociedade Civil (MROSC), realização de formações sobre gestão das associações e de projetos, e no processo de elaboração de planejamento e avaliação coletivo nas comunidades.

Para além das questões produtivas, a ATER deve proporcionar aos agricultores familiares formas de articulação que favoreça a participação social e política. Nesse contexto, conseguiu-se registrar avanços entre as comunidades no processo de incidência política junto aos governantes, conseguindo resultados como apoio no processo de coleta pública de lixo nas comunidades, acesso a formação em informática, aquisição de área para construção da sede da associação, acesso a política pública de saúde (atendimento médico na comunidade), acesso a políticas de infraestrutura (demanda da comunidade para construção de pontes e estradas) e acesso à educação/alfabetização (parceria com secretaria municipal de Educação do município de Laje).

Com o impacto da pandemia do Covid-19 e das mudanças climáticas que causaram desastres ambientais em dezembro de 2021, fez-se necessário a realização de ações solidárias e humanitárias, com o apoio no deslocamento de famílias atingidas pelas chuvas, aquisição e distribuição de alimentos para famílias atingidas pela fome, realização de campanhas de arrecadação e distribuição de alimentos, material de higiene para famílias em vulnerabilidade social, campanhas de arrecadação de roupas e aquisição de móveis, colchões e linha branca em parceria com a Fundação Banco do Brasil (FBB) para distribuição junto a famílias atingidas pelas chuvas, as quais provocaram enchentes dos rios e deslizamento em alguns municípios onde o projeto estava em execução, demonstrando um novo perfil da ATER para além da técnica e produção.

II. Análise dos Resultados Quantitativos da Intervenção Educativa dos Serviços do Contrato ATER Agroecologia

A metodologia aplicada na execução do ATER Agroecologia possibilitou o registro quantitativa de resultados. Os educadores da FASE, com a aplicação de instrumentos próprios de monitoramento (Planilha de Monitoramento de Resultados), conseguiu registrar anualmente dados referente a intervenção e os ganhos quantitativos junto às 540 famílias agricultoras. O gráfico apresentado a seguir demonstra o crescente número de agricultores(as) acessando políticas públicas e aderindo às práticas agroecológicas ao longo dos três anos.

Figura 2 – Dados referente ao acesso das famílias à comercialização

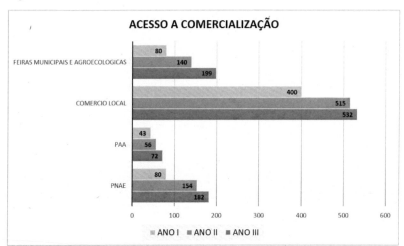

Fonte: Planilha de Monitoramento de Resultados (arquivos da FASE, 2023)

Na imagem anterior, apresentamos, por meio do gráfico, dados referentes à evolução no acesso à comercialização das famílias agricultoras familiares durante os três anos de execução do projeto.

O monitoramento de chamadas públicas e a elaboração de projetos de venda que viabilizem a participação das famílias ao PNAE foi prioridade para os educadores da FASE, favorecendo o acesso dos agricultores(as) a essa importante política pública. No primeiro ano, foram elaborados diversos projetos de venda, com valor geral de R$ 648.312,33. No segundo ano, os projetos de venda somaram um valor de R$ 1.781.846,40. Já no terceiro, o montante dos projetos de venda alcançaram o valor de R$2.962.770,71.

Figura 3 – Organização de cestas de alimentos para entrega no PAA

Fonte: FASE (2022)

O número de famílias que acessaram a política de crédito por meio do Programa Nacional de Fortalecimento da Agricultura Familiar também foi monitorado, conforme dados apresentados no gráfico da Figura 4.

Figura 4 – Acesso à credito produtivo

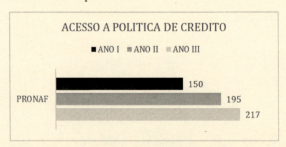

Fonte: Planilha de Monitoramento de Resultados (arquivos da FASE, 2023)

A alimentação é um direito humano fundamental para a reprodução da vida, contrária à agricultura que degrada o meio ambiente, concentra terras, promove violência e usa venenos e de transgênicos, a FASE busca em suas diversas ações a promoção da soberania e segurança alimentar e nutricional, isso não foi diferente na execução do ATER Agroecologia. No processo de assessoria, buscou-se ampliar os debates na comunidade em torno da temática com enfoque na participação da mulheres em seus quintais produtivos e o acompanhamento da produção versus a dieta familiar, o gráfico a seguir apresenta os resultados alcançados durante os três anos da assessoria junto às 540 famílias de agricultores.

Figura 5 – Quadro analítico referente a SAN/ produção x consumo

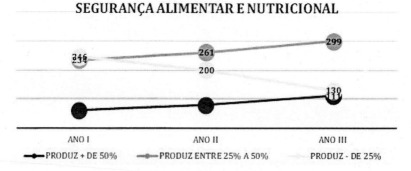

Fonte: Planilha de Monitoramento de Resultados (arquivos da FASE, 2023)

A análise apresentada na Figura 5 é resultado da entrevista realizada junto às famílias no ano I, II e III. A FASE elegeu três indicadores para analisar a promoção de SAN, com base nos produtos da agricultura familiar de produção própria ou adquirida de agricultores na comunidade, relacionado aos alimentos utilizados na alimentação da família, ou seja, os alimentos que compõem o cardápio familiar. O primeiro indicador produz mais de 50%, dos produtos que compõem a dieta familiar; o segundo indicador produz entre 25% e 50% dos produtos que compõem a dieta familiar; já o terceiro indicador produz menos de 25% dos produtos que compõem a dieta familiar. Conforme a figura anterior, podemos analisar que no primeiro ano, apenas 60 famílias produziam mais de 50% dos produtos que compõem o cardápio familiar, esse número se ampliou para 79 famílias no ano seguinte, e 111 famílias no terceiro ano. Conforme a evolução dos anos, é possível notar que o número de famílias que produzem mais de 50% dos produtos da dieta alimentar aumentou, em contraponto, o número de famílias que produziu menos de 25% declinou anualmente, 246 famílias produziam menos de 25% dos produtos da dieta alimentar no primeiro ano, 200 famílias no ano seguinte e 130 famílias no terceiro ano.

A incorporação de práticas agroecológicas é um dos princípios da ATER executada pela FASE durante as diversas atividades de campo, nas visitas, encontros comunitários, rodas de conversas, dias de campo, intercâmbios, entre outros. Com base no acompanhamento continuado, foi possível notar a adesão a diversas práticas agroecológicas e de preservação do meio ambiente, conforme apresentado nos gráficos a seguir.

Na Figura 6, apresentamos dados referente a adesão das famílias às práticas de adubação orgânica. Já na Figura 7, é possível analisar a evolução das famílias na adesão a técnicas produtivas agroecológicas do controle alternativo de pragas e doenças, a partir da utilização de caldas e biofertilizantes naturais e a aplicação de práticas de capina seletiva.

A Figura 8 traz dados referente a aplicação de técnicas de cultivos referente ao consórcio de culturas, que é o cultivo de duas ou mais espécies de forma simultânea na mesma área, com objetivo de aumentar renda e conservar a biodiversidade da área.

Figura 8 – Número de famílias aderindo a diferentes técnicas de cultivo

Os quintais produtivos geralmente são compreendidos como o espaço criativo das mulheres na unidade produtiva, composto por um pequeno pedaço de terra que fica no entorno da casa, é o local onde as mulheres aplicam técnicas agroecológicas de recuperação do solo, da produção e recuperação de sementes crioulas, cultivam as ervas medicinais, as frutíferas, flores, plantas nativas, e realizam a criação de pequenos animais. Esse pedaço de terra dentro de uma propriedade geralmente é a área de maior diversificação e com maior conservação da biodiversidade, contribuindo prioritariamente para a promoção da soberania e segurança alimentar e nutricional da família, e para a construção de saberes. E o sistema agroflorestal (SAF) é uma forma de uso da terra na qual se resgata a forma ancestral de cultivo, combinando espécies arbóreas lenhosas como frutíferas ou madeireiras com cultivos agrícolas e/ou animais. Essa combinação pode ser feita de forma simultânea ou em sequência temporal, trazendo benefícios econômicos e ecológicos.

As informações apresentadas nos gráficos da Figura 9, refletem a necessidade de manter o debate sobre a importância da proteção das nascentes e a produção de água, mas também nos alerta sobre a necessidade de ampliar o debate junto aos agricultores familiares sobre a proteção e conservação do solo.

Figura 9 – Número de famílias aderindo às práticas de proteção de nascentes e conservação do solo

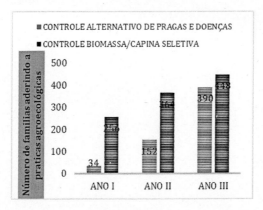

O grande desafio para a assessoria técnica agroecológica de embate às práticas da agricultura convencional é a redução da utilização dos adubos sintéticos. Apesar de todos os esforços durante os processos socioeducativos e da construção coletiva do conhecimento, o número de famílias que abandonaram totalmente o uso de qualquer fertilizantes químicos foi de 35 no decorrer dos três anos, esse número é bastante reduzido em relação às expectativas da equipe de educadores da FASE, em contraponto, entendemos que a luta de braço com as grandes multinacionais produtoras desses fertilizantes é desleal para com a agricultura agroecológica e a disseminação massiva por décadas de informações sobre o uso desses produtos não se modifica com três anos de ATER.

A redução do uso de agrotóxico foi pauta constante das ações desenvolvidas nos três anos de execução das atividades de ATER, no primeiro ano, 36,1% das famílias não estavam utilizando agrotóxicos, no ano seguinte, 48,5% famílias deixaram de utilizar agrotóxicos, e no terceiro ano, 58,1% das 540 famílias assessoradas abandonaram o uso de agrotóxico nos processos produtivos da unidade de produção. A FASE enquanto organização que apoia campanhas e desenvolvem ações que permeiam a extinção do uso de agrotóxicos na agricultura familiar entende, a partir dos dados apresentados anteriormente, que apesar da complexidade do tema, não devemos poupar esforços para o alcance de resultados mais significativos relacionados a eliminação do uso dos agrotóxicos na agricultura, e principalmente na produção de alimentos.

III. Relação dos Agricultores(as) Familiares Caracterizados

Quadro 1 – Lista de agricultores(as) caracterizados(as)

AGRICULTORA(O) TITULAR (1)	AGRICULTORA(O) TITULAR (2)	COMUNIDADE	MUNICÍPIO
ANA PAULA PAIXÃO		FUNIL	LAJE

AGRICULTO-RA(O) TITU-LAR (1)	AGRICULTO-RA(O) TITU-LAR (2)	COMUNIDADE	MUNICÍPIO
ANAILDE SILVA DOS SANTOS		RIACHO DO CABOCLO	P. TANCREDO NEVES
ANTONIA SANTOS DA CONCEIÇÃO	ANTONIO QUERINO DOS SANTOS	COITO	LAJE
ANTONIO ANATERCIO DE ALMEIDA SAMPAIO	MARIA DO ROSÁRIO SAMPAIO DOS SANTOS	COMUM DO MACHADO	S. MIGUEL DAS MATAS
ANTONIO CARLOS DOS SANTOS SILVA		DUAS BARRAS	UBAÍRA
ANTONIO DOS SANTOS	JANIRA DE SOUZA CARDOSO	QUILOMBO	LAJE
ANTONIO ESMERALDO SILVA DOS SANTOS	ELIANE COSTA CRUZ	CORTE PEIXOTO/BOM JESUS	JIQUIRIÇÁ
ANTONIO SANTOS OLIVEIRA		CORUJA I	P. TANCREDO NEVES
ARÃO JOSÉ DOS SANTOS		ITAPARICA	LAJE
ARLINDO SANTIAGO DOS SANTOS	MARIA DOS SANTOS SILVA	CACHOEIRA ALTA	MUTUÍPE
BENEDITO JOSÉ DOS SANTOS	NILZELINA DE JESUS SANTOS	MOENDA SECA	S. MIGUEL DAS MATAS
CLAUDIONOR SILVA DE JESUS		DUAS BARRAS	UBAÍRA

AGRICULTORA(O) TITULAR (1)	AGRICULTORA(O) TITULAR (2)	COMUNIDADE	MUNICÍPIO
EDENILTON VIEIRA DOS SANTOS		SETE VOLTA DO BARRO	LAJE
EDITE MUNIZ DE JESUS		AVIAÇÃO	P. TANCREDO NEVES
EDNALVA SANTANA LIMA	LEIDIANE LIMA DE JESUS (FILHA)	RIACHO DO CABOCLO	P. TANCREDO NEVES
EDNE GALVÃO DA CONCEIÇÃO PEREIRA	JOSÉ SOUZA PEREIRA	RIACHO NOVO	JIQUIRIÇÁ
EDVALDO DOS SANTOS CRUZ	LUISA DE JESUS DOS SANTOS	CARIRI	MUTUÍPE
ELIANE GONÇALVES DO NASCIMENTO	LOURIVAL DOS SANTOS NASCIMENTO	DUAS BARRAS	UBAÍRA
FIDELIS DOS SANTOS MOTA	REGINA DO BOM CONSELHO SANTOS	CARIRI	MUTUÍPE
FRANCISCO SANTANA DE JESUS	JOSEFA DE JESUS SANTOS	CORUJA I	P. TANCREDO NEVES
FREDSON DOS SANTOS CERQUEIRA	MACIELA AMORIM FERREIRA	FUNIL	LAJE
GERALDO SAMPAIO SANTOS	CRISÉLIA ALVES FERREIRA SANTOS	MACUCA	JIQUIRIÇÁ

AGRICULTO-RA(O) TITULAR (1)	AGRICULTO-RA(O) TITULAR (2)	COMUNIDADE	MUNICÍPIO
IVANILDO MUNIZ SANTOS		SOBRADINHO	UBAÍRA
JAILTON RIBEIRO PEREIRA	ADRIANA SANTOS DE SOUZA PEREIRA	RIACHO NOVO	JIQUIRIÇÁ
JEOVANE DO NASCIMENTO NEVES	RENATO ROCHA DAS NEVES	DUAS BARRAS	UBAÍRA
JOANICE DOS SANTOS SILVA	ROSALVO SANTOS SILVA	COMUM DO MACHADO	S. MIGUEL DAS MATAS
JOÃO RODRIGUES SANTOS	CRISTINA DE JESUS SANTOS	MACUCA	JIQUIRIÇÁ
JOSE DE JESUS SANTOS	ESTELITA DE OLIVEIRA DOS SANTOS	SOBRADINHO	UBAÍRA
JOSÉ NILSON TELES DOS SANTOS		SETE VOLTA DO BARRO	LAJE
JOSELIA DE JESUS SANTANA		AVIAÇÃO	P. TANCREDO NEVES
JUCINALVA PENA DE OLIVEIRA SILVA	MIGUEL JOSE DA SILVA FILHO	TRAÍRAS	MUTUÍPE
JUSTINIANO SANTOS OLIVEIRA	RITA MARIA DOS SANTOS	TRAÍRAS	MUTUÍPE
LINDALVA JESUS SILVA		CORTE PEIXOTO /BOM JESUS	JIQUIRIÇÁ

AGRICULTORA(O) TITULAR (1)	AGRICULTORA(O) TITULAR (2)	COMUNIDADE	MUNICÍPIO
LUCIENE DE JESUS CIRQUEIRA MENDES	COSME DOS SANTOS MENDES	AREIA FINA	S. MIGUEL DAS MATAS
LUCILENE SANTOS SILVA		COMUM DO MACHADO	S. MIGUEL DAS MATAS
MANOEL ALMEIDA DOS SANTOS	FRANCISCA DE JESUS SOUZA DOS SANTOS	DUAS BARRAS	UBAÍRA
MANOEL SOUZA BOMFIM	CECÍLIA DOS REIS LESSA (Falecida)	SOBRADINHO	UBAÍRA
MARIA DA GRAÇAS JOSÉ DOS SANTOS	CRISPIM DE SOUZA SILVA	RIACHO DO MEIO	UBAÍRA
MARIA DE OLIVEIRA SANTOS	ADRIANO DE JESUS	CORUJA I	P. TANCREDO NEVES
MARIA PAIXÃO SANTOS DOS REIS	AURELINO JESUS DOS SANTOS	UMBAÚBA	P. TANCREDO NEVES
MARIA ROMANA ROCHA ANDRADE		CACHOEIRA ALTA	MUTUÍPE
MARIA ROSA DE JESUS SANTOS		RIACHO DO CABOCLO	P. TANCREDO NEVES
MARINALVA DE JESUS SANTOS	JÚLIO PINHEIRO DE SOUZA CARDOSO	QUILOMBO	LAJE

AGRICULTORA(O) TITULAR (1)	AGRICULTORA(O) TITULAR (2)	COMUNIDADE	MUNICÍPIO
MARINALVA DOS SANTOS DE JESUS	EDVALDO DE JESUS	MACUCA	JIQUIRIÇÁ
MARINALVA GONÇALVES DOS SANTOS	JOSÉ DE JESUS SANTOS	MOENDA SECA	S. MIGUEL DAS MATAS
MARINALVA SANTOS SOUZA	SILVÉRIO RIBEIRO SOUZA (Falecido)	ÁGUA BRANCA	UBAÍRA
RAIMUNDO DOS REIS SANTOS	NILZA SANDE SANTOS DOS REIS	ITAPARICA	LAJE
RENILDA SANTANA DOS SANTOS	JAIME DIAS DOS SANTOS	AVIAÇÃO	P. TANCREDO NEVES
RITA BARRETO DE SOUZA	URBANO PINTO DE SOUZA	AREIA FINA	S. MIGUEL DAS MATAS
RUBENS SOUSA PINHEIRO	MARILUZA DE ALMEIDA SANTOS	MUQUIBA	MUTUÍPE
SANDRA SILVA SANTOS	DJAVAN SANTOS SOUZA	ÁGUA BRANCA	UBAÍRA
VALDELICE JESUS CARDOSO DOS SANTOS	ROQUE CARDOSO DOS SANTOS	RIACHO NOVO	JIQUIRIÇÁ
VALDELICE MARIA DE JESUS	DALICIO DA SILVA GUEDES	RIACHO DO CABOCLO	P. TANCREDO NEVES
WAGNER ROMA DA SILVA	RAIMUNDO DA SILVA (Pai)	UMBAÚBA	P. TANCREDO NEVES

Fonte: arquivos da FASE (2023)

CONSIDERAÇÕES FINAIS

Rosélia Batista de Melo
Jose Orlando Caldas Falcão

A execução do ATER Agroecológica permitiu atuar no fortalecimento da Agricultura Familiar, priorizando a construção de conhecimentos em agroecologia e sua aplicação nas unidades familiares, a qualificação da organização comunitária e sindical, a participação nos espaços de disputas e de definição de agendas relacionadas a políticas públicas, garantia e defesa de direitos, e a promoção de relações de gênero mais equitativas, com a construção da autonomia econômica de mulheres agricultoras e lideranças comunitárias.

As ações de assessoria técnica possibilitaram a intensificação de debates referente aos impactos na utilização de agroquímicos nas unidades produtivas, favorecendo a substituição por práticas agroecológicas e de promoção da soberania e segurança alimentar e nutricional. Podemos afirmar que alcançamos resultados expressivos, nas diversas temáticas trabalhadas, destacando-se a mudança no modelo de produção, a diversificação de cultivos, o empoderamento das mulheres, a permanência inteligente dos jovens no campo e acesso a políticas públicas de crédito (PRONAF) e comercialização a partir da construção social de mercados.

A assessoria técnica nas comunidades com famílias agricultoras permitiu maior interação e monitoramento da aplicação prática dos conhecimentos construídos nas formações, no âmbito da produção, agroindustrialização, agregação de valor, na gestão de empreendimentos, na qualificação das direções para cumprimento das exigências tributárias e fiscais das associações, na participação de associações em editais lançados pelo poder público e nos processos formativos direcionados a associados (as)e dirigentes.

As atividades referentes a execução do ATER Agroecologia foram realizadas na perspectiva de fortalecer a produção agroecológica da agricultura familiar e continuar a luta pela efetivação do direito humano à alimentação adequada junto às 540 famílias agricultoras, nas 24 comunidades e 7 municípios[1]. Durante a execução, foi possível realizar 100% das atividades previstas no contrato, sendo elas: 7 reuniões de articulação com parceiros; 24 reuniões de mobilização e seleção das famílias; 540 diagnósticos das unidades produtivas familiares; 1 oficina de nivelamento técnico e metodológico; 24 diagnósticos comunitários; 24 oficinas para socialização do diagnóstico e planejamento comunitário; 54 caracterizações das unidades produtivas; 38 oficinas de formação coletivas de oito horas; 24 oficinas de formação coletiva de 16 horas; 18 oficinas de formação coletiva de 24 horas; 540 visitas individuais de assistência técnica; 54 atualizações das caracterizações das unidades produtivas; 1 seminário de monitoramento e avaliação intermediária; 540 atualizações dos diagnósticos das unidades produtivas familiares; e 1 seminário final de avaliação.

Todas as atividades estabelecidas e realizadas levaram em consideração as demandas apresentadas pelos agricultores e agricultoras familiares, com foco no debate ao acesso aos direitos sociais, culturais e econômicos dos agricultores familiares, fortalecendo iniciativas coletivas e comunitárias. Das 540 famílias assessoradas, foi possível identificar que 55% das famílias tiveram a mulher enquanto ator principal para o desenvolvimento das ações, outro dado relevante é que 65,2% das famílias estavam vinculadas a uma associação de agricultores familiares.

Outrossim, é importante ressaltar que os novos editais devem avançar para além da assistência técnica a partir de uma abordagem metodológica pura e simplesmente com a execução de atividades teórico prática, que deve ser complementada com fomento às atividades produtivas das famílias participantes, impactando consideravelmente nos resultados de produção, econômico e de aumento da reanda.

A FASE Bahia manifesta seus mais sinceros agradecimentos a todas e todos que participaram desta experiência, especialmente aos integrantes de sua equipe de trabalho, aos dirigentes das entidades

---

[1] Ubaíra, Jiquiriçá, Mutuípe e Laje, no Vale do Jiquiriçá; Presidente Tancredo Neves e Teolândia, no Baixo Sul.

associativas e sindicais e principalmente a todas as 540 famílias. É possível afirmar que a equipe de educadores da FASE foi resiliente e superou as adversidades apresentadas no caminhar, contribuindo com o desenvolvimento da agricultura agroecológica nos territórios do Baixo Sul e Vale do Jiquiriçá, com a introdução do debate da agroecológica como uma alternativa totalmente viável ao modelo de desenvolvimento vigente, que serão utilizadas no dia a dia dos agricultores(as) e principalmente das futuras gerações.

REFERÊNCIAS

BRASIL. Lei n.º 11.346, de 15 de setembro de 2006. Cria o Sistema Nacional de Segurança Alimentar e Nutricional - SISAN com vistas em assegurar o direito humano à alimentação e dá outras providências. Diário Oficial da União, 18 set. 2006.

ENCONTRO NACIONAL DE AGROECOLOGIA, Belo Horizonte. Carta Política do IV ENA: agroecologia e democracia unindo campo e cidade – Rio de Janeiro: ASPTA: Articulação Nacional de Agroecologia, ANA, 2018.

FREIRE, P. *Pedagogia do Oprimido.* São Paulo: Paz e Terra, 1974.

HECHT, Suzanna. A Evolução do Pensamento Agroecológico. *In*: ALTIERE, M. A. *Agroecologia* – As bases cientificas da Agricultura Alternativa. Tradução de Patrícia Vaz. Rio de Janeiro: PTA/FASE, 1989.

INSTITUTO BRASILEIRO DE GEOGRAFIAS E ESTATÍSTICA. *Censo Agropecuário* 2017. Disponível em: https://censoagro2017.ibge.gov.br/templates/censo_agro/resultadosagro/pdf/agricultura_familiar.pdf. Acesso em: 17 ago. 2023.

INSTITUTO BRASILEIRO DE GEOGRAFIAS E ESTATÍSTICA. *Educação no Campo*: um panorama a partir dos dados do Censo Demográfico 2010. Disponível em: https://www.ibge.gov.br/estatisticas/sociais/educacao. html. Acesso em: 17 ago. 2023.

INSTITUTO BRASILEIRO DE GEOGRAFIAS E ESTATÍSTICA. *Pesquisa Nacional por Amostra de Domicílios*: síntese dos indicadores 2019. Disponível em: https://www.ibge.gov.br/estatisticas/sociais/trabalho/9171-pesquisa-nacional-por-amostra-de-domicilios-continua-mensal.html. Acesso em: 10 jul. 2023.

ORGANIZAÇÃO INTERNACIONAL DO TRABALHO. Disponível em: https://www.ilo.org/global/lang--en/index.htm. Acesso em: 13 nov. 2023.

ORGANIZAÇÃO DAS NAÇÕES UNIDAS PARA A ALIMENTAÇÃO E A AGRICULTURA (FAO). *Dia das Mulheres Rurais - agentes essenciais no desenvolvimento da sociedade.* Disponível em http://www.fao.org/brasil/notícias/detail-events/pt/c/1157560. Acesso em: 11 ago. 2019.

PEATER - Política Estadual de Assistência Técnica e Extensão Rural para a Agricultura Familiar. Disponível em: https://www.legisweb.com.br/legislacao/?id=332515. Acesso em: 8 dez. 2023.

SANTOS, H. P. dos; FONTANELI, R. S.; ACOSTA, A. da S.; CARVALHO, O. S. *Princípios básicos da consorciação de culturas.* Passo Fundo: EMBRAPA, 2007.

SEN, A. *Development as Freedom.* Oxford University Press. Wellington Square, 2000.

SILVA, J. M. M. (Reuters) - M. *Agricultura Familiar e Desenvolvimento Rural Sustentável na Bahia.* Santa Maria: UFSM: NTE, 2019.

WORLD BANK. *Agriculture, Development, and the Global Trading System*: 2000-2015. Bouët, Antoine, Laborde Debucquet, David, 2017.

SOBRE OS AUTORES

Rosélia Batista de Melo é especialista em Meio Ambiente e Agroecologia pelo IFBaiano, campus Valença (2020), graduada em Gestão de Cooperativas pela Universidade Federal do Recôncavo da Bahia (UFRB) (2012), atualmente graduanda em Agronomia (bacharelado), no Centro Universitário de Caratinga (UNEC), técnica em Agropecuária, habilitada em Zootecnia pela (EMARC), Uruçuca (2014). Educadora popular, coordenadora da FASE na Bahia, militante das causas das mulheres, com experiência em participação de conselhos de controle social em políticas públicas, extensionista atuando junto a agricultores (as) familiares. Com os seguintes temas: educação popular; soberania e segurança alimentar e nutricional; agroecologia; agricultura familiar; ocupação e renda na agricultura familiar; inclusão social; mulheres como sujeitos de direitos; associativismo e cooperativismo; produção, organização, beneficiamento e comercialização da produção agrícola.

Orcid: 0009-0001-8430-0259

Jose Orlando Caldas Falcão tem ensino fundamental incompleto. Educador popular, militante dedicado às causas populares. Na década de 1970, foi integrante da equipe técnica da Operação Esperança, acompanhando projetos desenvolvidos pela Arquidiocese de Olinda e Recife, de desenvolvimento comunitário em áreas de experiência de Reforma Agrária com pequenos agricultores posseiros e moradores de periferia. No ano 1977, ingressou na FASE como membro da equipe técnica da FASE Garanhuns-PE, atuando em projetos agrícolas de estímulo à organização sindical e comunitária de pequenos agricultores posseiros e meeiros do agreste pernambucano. Em 1986, assumiu a coordenação da equipe técnica da FASE Alagoas, atuando em projeto de estímulo à organização sindical dos trabalhadores assalariados da cana de açúcar e posteriormente assumiu a coordenação regional Nordeste.

Atualmente é membro da equipe técnica da FASE Bahia, atuando nas áreas de cidadania e políticas públicas, alternativas de geração de emprego e renda, estímulo ao associativismo, capacitação para participação popular em políticas públicas e assessoria técnica e extensão rural.

Orcid: 0009-0007-2899-9054

Ariane Araújo Oliveira é licenciada em Educação do Campo, Ciências Agrárias, Universidade Federal do Recôncavo da Bahia (UFRB), Centro de Formação de Professores Amargosa (CFP) (2023), técnica em Agropecuária, pelo Centro Estadual de Educação Profissional do Campus Paulo Freire (CEEP), Santaluz (2015). Mulher preta, catingueira, do território do Sisal, oriunda de área de Reforma Agrária, filha de agricultores familiares, atualmente é técnica educadora da FASE Bahia.

Orcid: 0009-0007-5184-347X

José Henrique Ramos Santos é técnico em Agricultura, pela Escola Média de Agropecuária Regional da Comissão Executiva do Plano da Lavoura Cacaueira (EMARC), Uruçuca (2004).

Orcid: 0009-0008-2277-4142

Silvanei Barbosa dos Santos é técnico em Agropecuária, na Casa Familiar Rural de Presidente Tancredo Neves (CFR) (2009), e bacharel em Administração, na Faculdade Regional de Filosofia, Ciência e Letras de Candeias (FAC) (2018).

Orcid: 0009-0009-9882-1512

Fernando Ferreira Oiticica é técnico em Agropecuária pela Escola Média de Agropecuária Regional da Comissão Executiva do Plano da Lavoura Cacaueira (EMARC), Valença (1983), e possui licenciatura plena em Ciências Biológicas, pela Universidade Católica do Salvador (UCSAL) (2012).

Orcid: 0009-0008-6219-3530

Veronice Santos de Souza é técnica em Agricultura pela Escola Média de Agropecuária Regional da Comissão Executiva do Plano da Lavoura Cacaueira (EMARC), Uruçuca, (2004), licenciada em Ciências Biológicas, pelo Instituto Federal de Educação, Ciência e Tecnologia Baiano (IFBaiano), campus Santa Inês, especialista em Meio Ambiente e Agroecologia pelo Instituto Federal de Educação, Ciência e Tecnologia Baiano (IFBaiano), campus Valença. Atualmente é educadora técnica da Federação de Órgãos para Assistência Social e Educacional. Tem experiência na área de ciências ambientais e agroecologia, assistência técnica e extensão rural.

Orcid: 0000-0002-1589-2350

Aline Santos de Sousa é técnica em Agropecuária pelo Instituto Federal de Educação, Ciências e tecnologia Baiano (IFBaiano), Valença (2013), e advogada pela Faculdade de Ciências Empresariais, Santo Antônio de Jesus (FACEMP) (2018).

Orcid: 0009-0003-1857-5275

Elenilda dos Santos Porcino Leite é técnica profissionalizante em Agropecuária, pelo Centro Territorial de Educação Profissional do Vale do Jiquiriça (CETEP), Amargosa (2016). Atualmente cursando Administração na Faculdade de Ciências e Empreendedorismo Santo Antônio de Jesus (FACEMP).

Orcid: 0009-0001-1509-9045